마지막 질문

마지막 질문

죽음이 알려 주는
품위 있는 삶을 위한
46가지 선물

김종원 지음

포르★세

내가 이 책에서 소개하는 삶의 멘토들은 총 300권이 넘는 수많은 책을 냈고, 헤아릴 수 없을 정도로 많은 인터뷰와 강연을 통해 자신의 생각을 밝혔다. 그들은 간혹 과거에 한 말을 번복하기도 했지만, 그 사실을 인정하면서 이런 식으로 입을 모아 말했다.

"물론 우리들은 반드시 실천한 것만 말로 전하지. 경험한 단어가 아니라면 절대 쓰지 않는 것이 원칙이니까. 하지만 삶이라는 것이 꼭 그런 것만은 아니었어. 그때 했던 말이 지금은 달라질 수도 있고, 그때는 옳았지만 지금은 틀릴 수도 있지. 당신도 작가라면 알고 있잖아. 그래서 책을 내는 게 늘 조심스러워. 100% 내 생각과 일치하는 글을 쓰는 건 불가능에 가까운 일이니까."

그래서 우리에게는 많은 시간과 사색이 필요했다. 나는 20여 년 전부터 괴테와 만나 상상의 대화를 나누었다. 이후 니체와 릴케, 그리고 칸트와 톨스토이, 쇼펜하우어를 만나, 서로가 인정할 수 있는 글을 완성하기 위해 지난 20년 동안 최소 1,000시간 이상의 대화를 나눴다. 워낙 어려운 주제로 이야기를 나눴기 때문에 대화와 집필이 쉽지 않았음을 고백할 수밖에 없다. 또한 그들이 내게 들려준 이야기는 어떤 책이나 대화에서 나온 글일 수도 있다. 하지만 앞서 그들이 말했듯 생각은 시간의 흐름에 따라서 계속 변화하며, 이미 나온 말과 글은 움직일 수 없으니 시간을 따라갈 수가 없다. 이 책이 집필되기까지 20년이나 걸린 이유도 바로 거기에 있다. 나는 그가 남긴 말과 글을 우리가 사는 지금에 맞추기 위해 끊임없이 노력했다. 그리고 그 끝에서 우리는 죽음을 만났다. 자, 이제 본격적으로 우리가 나눈 이야기를 시작한다.

목차

프롤로그

010   우리는 왜 죽음이라는 커다란 벽에 대해 질문하지 않는가?

I.   **목적** ———————————— **무엇을 위한 인생인가**

019   마음껏 쓰라고 줄 능력이 당신에게는 있는가?

024   자신을 그대로 보여 줄 한 줄이 있는가?

029   왜 우리는 사람이 사라진 세상에서 살고 있는가?

034   왜 우리는 죽음을 생각하며 살아야 하는가?

039   살면서 하나를 분명하게 선택한 경험이 얼마나 있는가?

044   자신의 일처럼 타인을 위해 울어 본 적이 있는가?

051   자신이 태어난 이유가 무엇인지 말할 수 있는가?

055   당신은 자신만의 잠을 자고 있는가?

II.　방향 ─────── 어디에서 내 삶의 이유를 찾을 수 있나

063　당신의 끝은 얼마나 아름다운가?

069　본질에 가까운 언어를 사용하고 있는가?

075　우리는 왜 생각해야 하는가?

080　인생에서 과연 저절로 되는 것이 있을까?

085　어떤 조각이 삶을 구성하고 있나?

089　가끔 잊고 지냈던 호주머니를 뒤져 보는가?

094　당신이 지금까지 진짜로 산 시간은 얼마나 되는가?

III.　사색 ─────── 삶에 대한 오래된 관점을 전복시킬 질문

103　당연한 것을 당연하지 않게 생각한 적이 있는가?

109　나는 왜 존재하는가?

113　우리는 진짜 검색하고 있는가?

118　목적을 생각하지 않고 말한 적이 있는가?

122　지식이라는 책상을 밟고 올라설 용기가 있는가?

127　시에게 질문해 본 적이 있는가?

132　어머니의 손은 왜 늘 차가운가?

IV. **균형** — 아프고 힘들고 고통스러운 마음을 잠재울 수 있는가

139 내장이 없는 욕망이 이끄는 삶은 무엇이 다른가?

145 쓰레기가 가득한 호주머니를 왜 비우지 않는가?

151 삶의 여유를 찾는 당신만의 방법이 있는가?

156 나는 내 일상을 장악하고 있는가?

162 당신은 어제 무엇을 버렸는가?

167 아이에게 칼을 주는 사람은 아이를 사랑하는 사람인가?

172 멈추지 않고 살아가는 이유가 무엇인가?

176 당신은 매일 세상이라는 연인에게 무엇을 주는가?

V. **실천** ———————— **어떻게 원하는 것을 얻을 것인가**

185 여전히 바라보고 있는가, 드디어 뛰어들었는가?

191 나는 내게 가능성을 허락하고 있는가?

195 버킷리스트가 있는 삶은 왜 죽은 삶인가?

200 죽어도 사라지지 않는 문장을 가슴에 품고 있는가?

207 변화를 주도하는 단 하나의 표현이 무엇인지 알고 있는가?

212 나는 지금 더 중요한 일을 하고 있는가?

218 하루라도 무언가에 목숨을 걸어 본 적이 있는가?

223 삶의 마지막 순간 죽음을 밀칠 정도로 중요한 일이 있는가?

VI.　경탄 ——————　성장하는 삶의 무기가 되는 질문

231　생명은 왜 아름다운가?

237　어제 본 태양은 오늘 뜬 태양과 무엇이 다른가?

242　자고 나면 빠져 있는 머리카락을 본 적이 있는가?

249　'사물의 쓸모'를 제대로 파악하고 있는가?

254　누군가의 장점을 찾기 위해 밤을 꼬박 새운 적이 있나?

260　내면의 아름다움을 유지하기 위한 자신만의 방법이 있는가?

268　사라지는 것들을 위해 두 손 모아 본 적이 있는가?

273　우리는 마지막으로 무엇을 믿어야 하는가?

에필로그

281　고개를 숙여 죽음에게 배운 46가지 질문

우리는 왜 죽음이라는 커다란 벽에 대해 질문하지 않는가?

"죽음이 찾아와도 후회하지 않을 자신이 있는가?"

모든 것은 변하지만, 변하지 않는 진실이 있다면 인간은 모두 죽는다는 사실이다. 그러나 우리는 '죽음'에 대해서 잘 말하지 않는다. 말할 수 없는 금기처럼 말이다. 물론 삶이라는 것이 먹고사는 문제에 상대적으로 직면해 있어서 그럴 수도 있다. 하지만 순서가 바뀐 것이 아닐까? 이에 섬세하게 삶을 관찰하듯 살았던 칸트는 이렇게 답한다.

"보이지 않는다고 포기하지 말고, 부디 아주 자세히 보게. 아름다움이란 것이 아주 작을 수도 있으니까."

그렇다. 어쩌면 우리는 죽음에 대해 숙고해야 함을 알면서도 자꾸 스치기만 했는지도 모른다. 탄생만큼이나 아름다운 것이 죽음 아니겠는가. 그의 조언처럼 우리는 조금 더 죽음을 자세히 바라보며 그 아름다움을 관찰하며 살아야 했다.

"죽음 앞에서도 당당한 삶이란 무엇을 말하는 걸까?"

답이 쉽지는 않지만 이 질문에 답할 수 없다면 제대로 살 수도 없는 매우 중요한 질문이다. 그러나 죽음은 우리가 그것을 맞이할 때까지 비밀스럽게 다뤄진다. 그래서 나는 책에서 소개하는 6명의 멘토들과 죽음에 대한 깊은 사색을 통해 하나의 철학으로 세워야 할 기준을 찾아보기로 했다. 누구나 자기 안에서 발효되고 있는 질문이 있지만, 누구도 그 질문에 제대로 답해 주지 않는다. 발효가 좋은 결과로 탄생하려면 선명한 질문과 지혜로운 답이 필요하기 때문이다. 이에 릴케가 "힌트는 여기에 있다."라고 외치며 답했다.

"우리가 운명이라고 부르는 것은 바깥에서 들어오는 것이 아니라, 우리 자신에게서 나오는 것이다."

고개를 끄덕이던 괴테가 자신의 고단했던 삶을 떠올리며 "생각해 보면 내가 지금까지 나 자신에게 절실하게 물었던 것이, 남에게도 절실한 질문이었다."라고 답한다. 그도 그럴 것이 대문호 괴테는 대작 《파우스트》를 무려 60여 년 동안이나 걸려서 완성했는데, 그 마무리가 결코 쉽지 않았다. 노년에 접어든 괴테는 자주 아팠으며 가끔 피를 토하기도 했다. 그날도 마찬가지였다. 의사는 식구들을 불러 마지막을 준비해야겠다는 이야기를 전했다. 이제 더는 희망을 찾아볼 수 없을 정도로 건강이 악화되었기 때문이다. 하지만 그는 자리에서 일어나 이렇게 외쳤다. "사람이 태어나서 반드시 자신이 마무리를 하고 가야 할 것이 여전히 남아 있다면 아무리 힘들어도 이렇게 외칠 수 있어야 한다. '죽음아, 물러가라!'" 실제로 그는 기적처럼 그 외침과 함께 건강을 회복했고, 마침내 《파우스트》를 완성한 후 세상을 떠났다. 괴테는 말년에 오래 살 수 없을 거라는 이야기를 자주 들었다. 어릴 때도 마찬가지로 몸이 허약해서 그런 진단을 자주 받았다. 그러나 죽음을 선고받은 날에도 그는 다시 펜을 잡았고, 다시 입을 열었으며, 여전히 세상에 농밀한 자신의 삶을 전하는 일상을 보냈다. 검은 그림자가 짙게 깔려도 그는 지성의 엔진을 끄지 않았다. 오히려 더 피치를 올려 《파우스트》라는 새로운 가치를 세상에 설파했다. 불가능의 벽을 허물어 자신의 자리를 스스로 마련한 것이다. 누구도 그에게 앉을 의자를 마련해 주지 않았다. 다만 그는 질문을 멈추지 않았고, 치열하게 던진 그 질문은 그 자신을 위한 가장 든든한 의자가 되어 줬다.

괴테만 그런 것이 아니다. 여기에서 소개하는 내 오랜 상상 속 대화 친구인 릴케와 톨스토이, 칸트와 니체, 쇼펜하우어 역시 모두 마찬가지로 역경과 시련을 겪었다. 다만 그들이 보통의 인생과 다른 것은 소중한 의미를 남기며 자신을 지켰다는 사실이다. 이것이 바로 흔들리는 시대를 살아가는 우리가 그들의 질문에 귀를 기울여야 하는 이유다. 인생을 살면서 원하는 상황과 때를 만날 가능성은 그리 높지 않다. 그럴 때마다 우리는 자꾸만 약해지며 모든 것을 포기하고 싶어진다. 하지만 그들이 평생 간직해 온 "내 끝은 아직 찾아오지 않았다."라는 질문을 품을 수 있다면 우리는 언제든 더 나은 삶을 선택할 수 있다.

니체는 삶이 힘들고 괴로워도 평생 사색하며 글을 썼다. 나는 언젠가 그가 쓴 가장 아름다운 시를 본 적이 있다. 그것은 그가 남긴 마지막 영혼의 음성과도 같은 글이었다. 시의 형태로 소개하면 이렇다.

"읽고 배웠음에도

당신이 언제까지나

제자로서만 머물러 있음은,

사랑하는 스승에 대한

좋은 보답이 아니다."

나는 이 '다섯' 줄의 글이 그가 남긴 최고의 시라고 생각한다. 자신이 평생 추구하던 것을 삶의 마지막 순간까지 실천하는 모습을 생생하게 보여 주는 글이기 때문이다. 그는 언어가 아니라 삶으로 글을 썼다. 단순히 질문만 던진 것이 아니라 삶에서 실천하며 증명하려고 분투했다.

물론 우리는 모두 서로 다르다. 가진 것도, 지식수준도 다르지만 죽는다는 사실은 누구도 피할 수 없는 공평한 것이다. 중요한 것은 그들이 전하는 질문과 답이 완벽한 것은 아니라는 사실이다. 살면서 수많은 독자를 경험했던 그들도 입버릇처럼 말한다.

"세상에 내 글을 읽은 사람이 1,000명이라면, 1,000명 모두의 해석이 다른 것이 오히려 반가운 일이며 근사한 현상이다."

같은 것을 읽고 다르게 해석할 수 있다는 것은 살아 있는 생명에게만 주어지는 특권이다. 우리는 모두 다르다. 그래서 특별하다. 지금부터 톨스토이의 조언을 시작으로 그 특권을 당신에게 선물하려고 한다.

"우리는 보통 타인과의 만남을 통해서만 삶이 나아진다고 생각하기 쉽다. 하지만 그렇지 않다. 우리는 홀로 있을 때, 자신의 생각과 질문을 통해 마주 섰을 때, 그때 비로소 진정한 삶을 꽃피우게 된다."

2022년 3월 김종원

"정면으로 죽음을 마주하며 살아가며,
나는 이제야 삶을 시작하는 기분이다."

무엇을 위한 인생인가

라이너 마리아 릴케 Rainer Maria Rilke

마음껏 쓰라고 줄 능력이
당신에게는 있는가?

"나는 왜 사는가?"라는 근원적인 질문에서 "이렇게 쉬지도 못하고 사는 것이 과연 살아 있는 삶이라 말할 수 있을까?"라는 세부적인 질문까지, 우리는 자주 삶의 목적에 대해서 생각하며 방황하곤 한다.

내게도 그런 날이 있었다. 30권이 넘는 책을 냈으며 이미 '김종원'이라는 브랜드를 갖고 있었지만 허전한 마음이 떠나지 않던 나날이었다. 답답한 마음에 사색과 인문학의 가치를 묻고 의견을 나누기 위해 릴케의 책을 읽다가 사색에 잠겼다. 눈을 감고 그의 생각을 읽어 내려갔다. 그러다 마치 기적처럼 이 문장을 만났다. 그건 하늘에서 내려오는 음성과도 같았다.

"때로는 한 조각의 빵보다 한 송이의 장미가 더 중요한 순간이 있다네. 자네, 지금이 딱 그때군. 내 이야기를 하나 들려주지."

그 말로 우리들의 기나긴 이야기가 시작되었다.

"하루는 지인과 광장으로 산책을 나갔는데, 자주 마주치던 노숙자로 보이는 한 여인이 있더군. 참 이상했어. 그녀는 애써 구걸하지도 않았고, 지나가는 행인들을 바라보지도 않았으니까. 간혹 돈을 주는 사람이 있었지만 고마운 마음을 표현하지도 않았다네. 지인은 그녀에게 종종 돈을 줬지만 나는 한 번도 돈을 주지 않았지."

"왜 돈을 주지 않으셨나요? 거만하다고 생각하셔서 그랬던 건가요?"

"전혀 그런 것이 아니라네. 오히려 그 반대지. 함께 자주 나가던 지인 역시 같은 질문을 했다네, 그래서 내가 이렇게 답했지. '그녀에게 필요한 건 마음이지 돈이 아니니까요.' 며칠 뒤, 나는 그 여인의 튼 손에 장미 한 송이를 쥐여 주었지. 다음에 어떤 일이 일어났을 것 같은가?"

"글쎄요, 저는 화를 내면서 돈을 달라고 했을 것 같은걸요. 걸인이라면 장미보다는 돈이 필요하지 않을까요?"

"다들 그렇게 답하더군. 그런데 뜻밖의 일이 일어났다네. 장미를 받은 여인은 고개를 들더니, 수줍은 미소를 지으며 내 손에 입을 맞추고는 장미를 가볍게 흔들며 자리를 떴다네. 그리고 그녀는 정확히 일주일 후에 그 자리에 돌아왔지."

"하지만 걱정이 되네요. 광장에서 구걸을 하지 않았던 일주일 동안에는 어떻게 먹고살았을까요?"

그러자 릴케는 이렇게 답했다.

"장미로 살았겠지."

벌써 15년이나 지났지만 나는 릴케의 음성을 들었던 그날의 기억을 세상에서 가장 근사한 풍경화처럼 기억한다. 세상에! 때로는 빵보다 장미가 필요한 순간이 있다니. 결국 내가 당시 힘들었던 이유는 빵이라는 삶의 목적에 빠져 살다가, 장미라는 과정을 잃었기 때문이었다. 살면서 수많은 조언과 응원의 메시지를 받았지만 그때처럼 실제로 도움이 되는 언어는 좀처럼 만나기 힘든 것이었다. 괴테와 릴케, 니체와 톨스토이, 그리고 칸트와 쇼펜하우어를 만나 이 책을 준비하는 지난 20년 동안 가졌던 마음을 3줄로 표현하면 이렇다.

"지금까지 혼자서 당신들을 마음껏 썼으니

이제 이 책을 통해 더 많은 사람이

당신들을 마음껏 쓸 수 있게 되기를 바란다."

그들을 만난 이후 나는 변했다. 나도 마찬가지로 누군가에게 쓰임이 되는 삶을 살기로 결심한 것이다. 삶의 목적을 드디어 찾아낸 내 삶은 더욱 바빠지고 해야 할 일이 늘었지만 마음은 오히려 고요하기만 했다. 도움이 되고 싶다는 목적이 모든 것을 편안하게 만든 것이다.

물론 목적을 깨달았다고 해서 모든 일이 저절로 풀리는 것은 아니다. 내가 힘든 일상에서도 여전히 치열하게 사색하고 글을 쓰는 이유는 누군가에게 도움이 되고 싶고 마음껏 쓰임을 받기 위해서다. 그래서 늘 "나를 마음껏 활용하세요."라고 외치고 있는데, 가끔 내게 다가온 사람을 보며 이런 생각을 할 때가 있다.

'날 이용하려고 그러는 거 아냐?'

그런 생각은 나를 한없이 부끄럽게 만든다. 내가 필요한 사람들에게 마음껏 나를 활용하라고 말은 하면서 한편으로는 이용당하는 것이 두려웠던 거니까. 누군가 나를 완벽하게 이용한다면 그게 바로 내가 원하는 것인데 하나도 손해 보고 싶지 않다는 마음이, 그 간사한 계산이 또 고개를 드는 것이다. 나는 뜨거운 눈물을 흘리며 그 연약한 마음을 돌아본다. 그리고 마음 깊은 곳에 묻는다.

'너는 입으로만 떠드는 삶을 사는가, 삶에서 보여 주고 실천하고 있는가?'

릴케의 삶도 평탄하게 흘렀던 것은 아니었다. 그가 살았던 시대는 지금보다 더욱 세차게 요동치는 혼란기였다. 내부적으로는 몰락한 집안의 사정으로 바깥으로는 제1차 세계대전 등 역사의 격동기를 살면서 그는 자신을 끝까지 지켜냈다. 당장의 이익을 주는 빵보다는 수많은 사람에게 도움을 줄 수 있는 장미의 아름다운 향기를 실제로 전하며 살았던 것이다. 변화의 흐름과 타협하지 않았으며 자신의 입지를 다지기 위해서만 살지 않았다. 인간에 대한 애정과 관심을 포기하지 않았기 때문에 그는 세상에 선물할 영감과 가치를 내면에 담을 수 있었다.

그를 만나 뜨거운 조언을 들은 이후 삶이 아프고 고통스러울 때마다 내가 쓰러지지 않고 치열하게 글을 쓰며 강연을 하는 이유는 여전히 세상을 믿기 때문이다. 도움이 필요한 사람들에게 마음껏 쓰라고 자신을 내어 주고자 함이다. 우리는 살면서 믿었던 사람에게 배신을 당할 수도, 손해를 볼 수도 있다. 그러나 그건 부끄러운 일이 아니다. 진실로 부끄러운 것은 소중한 나의 사람들에게 마음껏 쓰라고 내어 줄 능력이 없는 것임을 기억하자. 그것만 기억한다면 우리는 누구든 자신이 품은 삶의 목적을 끝까지 고수하며 흔들리지 않고 살 수 있다.

자신을 그대로 보여 줄
한 줄이 있는가?

"당신의 유언은 무엇입니까?"

이렇게 질문하면 보통은 '재산을 자식들에게 어떤 방식으로 나눌 것인가?'에 대해 답하거나 "그런 게 뭐가 있겠어요, 그냥 하루하루 사는 거지."라고 답하는 사람이 많다. 자, 방향을 틀어 이런 질문을 한번 해 보자. "유언은 왜 나온 걸까?", "우리는 왜 유언을 남기는 걸까?", "유언을 보증하는 사람들은 왜 탄생한 걸까?"

보통은 유언을 '무언가를 확실히 하는 것'이라고 생각한다. 하지만 그게 그렇지만도 않다. 말은 입에서 나오는 순간 그걸 듣는 사람의 마음대로 바뀐다. 말은 참 믿기 힘든 지적 도구인 셈이다. 그런 의미에서 유서와 각종 서류는 더욱 극심한 불신을 증명한다고 볼 수 있다. 뭐든 선명하게 정리하고 확실하게 한다는 것은 반대로 서로가 서로의 말과 삶을 믿지 못한다는 증거인 셈이다. 믿는다면 그저 한마디 말이면 충분하기 때문이다. 그래서 우리는 더욱 자신에게 이렇게 질문할 수 있어야 한다.

"당신에게는 당신을 그대로 보여 줄 한 줄이 있는가?"

최근 릴케는 자신의 삶을 돌아보며 마침내 그 한 줄을 찾았다며 내게 들려줬다.

"길을 걸어가는 아이가 바람이 불 때마다 날아오는 꽃잎들을 선물로 받아들이듯, 너의 모든 하루가 그렇게 되도록 하라."

"아, 듣기만 해도 마음이 예뻐지는 말입니다."

"좋은 이야기 고맙네. 우리는 어려움을 사랑하고 이겨 내는 법을 배워야 하지. 그래야 어려움 속에서도 타인을 도울 방법을 찾아낼 수 있기 때문이야."

"그렇죠, 정말 공감합니다. 쉽지는 않을 것 같지만 말이죠."

"참 어려운 일이지. 한 인간이 다른 인간을 사랑하는 것은, 우리가 해야 할 일 가운데 어쩌면 가장 어려운 일인지도 모른다네. 그것은 자신의 가치를 증명할 가장 결정적이고 최종적인 시험이며, 다른 모든 일들은 그것을 위한 준비에 불과하다고 볼 수 있지."

다시 앞으로 돌아가 이것이 그가 그토록 찾았던 그의 삶을 대표하는 한 줄인 이유는 '이 한 줄이면 다른 말은 더 필요하지 않다.'는 생각이 절로 들었기 때문이다. 세상에 존재하는 모든 꽃잎이 나를 위해 준비한 세상의 선물이라니, 더 무슨 말이 필요할까?

그와 유사한 유언을 남긴 사람이 한 명 더 있다. 바로 만인의 연인으로 살았던 오드리 헵번(Audrey Hepburn)이다. 그녀는 죽는 마지막 날까지 지구 반대편에서 가난과 질병으로 죽어 가는 아이들을 걱정하고 온 마음으로 보살피며 살았다. 그런 그가 남긴 아래 유언은 바로 인생은 선물이라는 사실을 증명한다.

"아름다운 입술을 갖고 싶다면

친절한 말을 하라.

아름다운 눈을 갖고 싶다면

사람들에게서 좋은 점을 봐라.

날씬한 몸매를 갖고 싶다면

너의 음식을 배고픈 사람과 나누어라.

아름다운 머리카락을 갖고 싶다면

하루에 한 번 어린이가 손가락으로

너의 머리를 쓰다듬게 하라.

아름다운 자세를 갖고 싶다면

결코 너 혼자 걷고 있지 않음을 명심하라.

그리고 기억하라.

네가 나이가 들면,

왜 두 손을 가지고 있는지 깨닫게 될 것이다.

하나는 너를 위한 손이고,

나머지 하나는 남을 돕기 위해 존재하는 손이다."

참 아름다운 유언이다. 헵번의 유언도 결국 한 줄이라고 볼 수 있다. "인생은 당신을 찾아온 선물이다."라는 말을 모든 사람이 이해하기 쉽게 풀어서 쓴 글이기 때문이다.

"당신만의 한 줄은 무엇인가?"

답이 쉽지 않다면 "한마디만 유언으로 남기고 싶다면 무엇을 남길 것인가?"라는 질문으로 바꿔 물어도 된다. 삶의 목적을 제대로 알고 싶다면 살아가는 목적을 알아야 한다. 그래야 아침에 왜 눈을 뜨고 왜 식사를 하는지 그 목적을 분명히 알 수 있기 때문이다.

"우리는 앞서서 내가 전한 도시의 걸인 이야기를 통해 한 조각의 빵보다 한 송이의 장미가 더 중요한 순간이 있다는 사실을 깨달았지. 이유가 뭘까? 내가 사랑받는다는 사실을 아는 순간, 우리는 영원히 사라지지 않을 자기 삶의 목적을 다시금 발견할 수 있기 때문이야."

내 삶의 목적을 알아야 자신에게 찾아온 고통과 슬픔까지도 웃으며 넘길 힘을 가질 수 있다. 마지막 생명을 태우며 그간 자신이 어떻게 살았는지 삶을 증명할 한 줄을 유언으로 남기는 사람처럼, 일상에서 자신의 삶을 대표할 한 줄을 남겨 보자. 주변에 기쁨과 행복을 전하는 한 줄이라면 더욱 좋을 것이다. 말하고 듣는 사람 모두가 행복해지는 그 한 줄이 당신에게는 있는가?

왜 우리는 사람이 사라진 세상에서
살고 있는가?

소제목을 읽고는 '이게 대체 무슨 말일까?'라고 생각할 수도 있다. 분명히 살아서 지금 이 글을 읽고 있는데 말이다. 그러나 언제나 현실의 문제를 가슴에 품고 살아가는 릴케가 말하는 "우리는 사람이 없는 세상을 살고 있다."의 의미는 조금 다르다. 주변을 돌아보면 정말 사람이 사라진 세상이라는 사실을 체감할 수 있다. "너는 우파냐, 좌파냐?", "너는 우리 편이냐, 저쪽 편이냐?" 사람은 사라지고 좌파가 아니면 우파, 우리 편이 아니면 저쪽 편만 남았기 때문이다. 의견은 서로 분분하지만 실제로 살아 있는 의견은 하나도 없는 암울한 현실에서 살고 있다. 자신의 생각이 아닌 무리의 생각을 머리에 꾸역꾸역 넣고 살기 때문이다. 의견이 다른 쪽을 만나면 마치 적을 만나 총을 꺼내듯 머리에 넣은 무리의 생각을 꺼내 반격한다. 사람은 없고 이념만 남았다. 우리에게 필요한 건 최소한의 인간성을 회복하는 일이다. 서로가 서로의 가치를 인정하고 존중하며 인간성을 회복하려면 어떻게 해야 할까?

릴케는 풀리지 않는 문제에 대한 인내심을 강조하며 이렇게 조언한다.

"서로의 가치를 존중하고 싶다면, 먼저 당신의 내면에 풀리지 않는 모든 것에 인내심을 가져라. 자신을 이겨낼 수 있어야 타인을 배려하고 존중할 여유를 가질 수 있으니까. 그리고 비록 세상이 바로 답을 주지 않더라도 절망하지 말라. 가장 중요한 몇몇의 답은 반드시 시간이 흘러가야만 그 정체를 드러내기 시작하니까."

그렇다. 이기려는 욕망을 버리면 우리는 삶의 진리를 내면에 담을 수 있게 되며 동시에 실천할 용기를 갖게 된다. 그리고 그런 삶은 자기 삶에서 풀리지 않는 문제에 대한 인내심을 갖는 일상에서부터 시작한다. 문제가 풀리지 않는다고 불만을 갖거나 쉽게 포기하지 말고 정진하는 마음으로 기다려야 한다. 내가 보낸 시간은 결국 내게 타인과 구분할 수 있는 색을 선물로 줄 것이기 때문이다.

Ⅰ. 목적

"참, 하나 더 기억할 게 있다네. 우리가 운명이라고 부르는 것은 외부로부터 들어오는 것이 아니라, 우리에게서 나오는 것이라는 사실이지. 이게 왜 중요한 사실이라고 생각하나?"

"내면의 힘을 탄탄하게 해주는 데 도움이 되기 때문인가요?"

"그게 아니지, 서로를 이해할 수 있게 해 주기 때문이라네. 자, 잘 생각해 보면 해답이 나올 거야. 들어 보게나. '당신에게 위안을 주는 사람이라고 해서, 그가 자신이 하는 말처럼 소박하고 평온하게 산다고 생각하면 곤란하다.' 어떤가? 우리는 위로를 주는 사람은 평온한 일상을 살고 있을 거라고 자주 오해하지. 하지만 그렇지 않다네. 그 역시 어려움과 슬픔 속에서 살며 당신보다 훨씬 고통스럽게 살고 있을 수도 있지. 그렇지 않다면 당신을 위로할 그 좋은 말을 결코 찾아낼 수 없었을 테니까."

우리는 그렇게 서로 이해하며 함께 살아가려는 노력을 해야 한다. 그런 내가 되는 것이 편만 나누는 이 세상에서 근사하게 생존할 수 있는 유일한 무기다. 또한 이유 없이 남을 닮으려고 하면 내가 지워진다는 사실 역시 빠르게 깨달아야 한다. 우리는 그렇게 자신이 사라지는 것도 모른 채 평생 남만 따라 하고 닮아 가며 결국 자신을 아프게 한다. 죽을 때가 되면 완전히 지워진 자신과 조우하며 처음으로 크게 후회하게 된다. 죽을 때가 되어야만 비로소 깨닫기 때문이다.

사람이 사는 세상을 만들기 위해서는 먼저 자신이 바로 서야 하고, 주변을 둘러보며 좋은 것을 보려고 노력해야 한다. 좋게 보려면 얼마든지 좋게 볼 수 있다. 결국 의지의 문제다. 이런 생각을 자주 하면서 의지를 다지는 것도 좋다.

"그 사람이 아니었으면 그런 생각은 나오지 않았을 것이다."
"그 사람이 아니었으면 그런 글은 나오지 않았을 것이다."
"그 사람이라서 그런 멋진 것을 만들 수 있었다."

릴케는 사는 내내 주변으로부터 "왜 그렇게까지 살아야 하나요?"라는 응수를 받아야만 했고, 그럴 때마다 이런 말로 그들의 영혼을 이해시켰다.

"내가 창조한 곳에서 나는 진실하기 때문이지. 만약 당신 앞에 천사가 마지못해 나타나겠다고 한다면, 그것은 당신이 흘린 눈물이 아니라 항상 초심자가 되어 시작하겠다는 겸손한 결심으로 당신이 그를 설득했기 때문일 것이다."

이 모든 아름다운 변화는 서로가 각자의 가치와 생각을 존중하며 그 사람만의 고유함을 발견하고 높일 수 있을 때 가능할 것이다.

왜 우리는 죽음을 생각하며
살아야 하는가?

아름다운 장미를 바라보다가 문득 욕심이 생겨서 다가가려고
하면, 날카로운 가시 앞에서 망설이게 된다. 이유는 간단하다. 가
시를 피해서 장미를 만지는 상상을 아무리 해 봐도 도무지 그럴
틈이 보이지 않기 때문이다. 가시에 찔리지 않고 장미를 만질 수
있는 방법은 없다는 사실을 깨닫게 된 후, 우리는 결국 마지막 방
법을 선택하게 된다. '바라보기'.

"장미 가시에 대해서 나보다 더 할 말이 많은 사람이 또 있을
까?" 릴케는 이렇게 속삭이며 울분을 토해내는 음성으로 말한다.

"사람들은 그저 나를 '장미 가시에 찔려 죽은 시인'이라는 상투

어로 기억하지. 하지만 그게 전부는 아니야. 나는 언제나 끊임없는 노력과 성실함을 통해 나만의 문학 세계를 탄생시키기 위해 분투했지. 내가 이룬 모든 문학적 성과는 죽음보다 나은 삶을 살고 싶다는 투쟁의 결과라고 볼 수 있는 거야."

"어떻게 하면 우리 모두가 자신의 영역에서 그런 삶을 살 수 있을까요? 그저 떠밀려 가듯 살아가는 삶에서 벗어나고 싶습니다."

"내게는 분명한 방법이 하나 있지. 비결은 바로 나의 사명과도 같은 일, '글쓰기'에 있어. 글쓰기를 통해 고통 속에서 사그라들지 않고, 희망 안에서 자신을 확장하는 거야. 자네도 글을 쓰니 알고 있겠지."

"자네는 가시에 찔리는 아픔을 감수하며 장미를 손에 안아 본 적이 있나?"

어떻게든 살짝 가시를 피해 간신히(?) 장미를 스쳐 본 적은 있지만 '안아 주는 상상'은 전혀 해 본 적도 없는 내게는 매우 놀라운 질문이었다. 하지만 그는 자신의 삶을 통해 이렇게 외친다.

"사랑하는 일이 있다면 죽음을 각오해야 하는 거야. 너에게 죽어도 꼭 해야 할 일이 있다면 그까짓 가시 몇 개 따위에는 얼마든지 찔려도 좋다는 정신으로 다가가는 거지. 죽음을 각오하라고!"

그가 아직 다가오지 않은 미래의 죽음을 행복하게 맞을 수 있는 것은 바로 그 정신에 있다. 자신을 찾아온 온갖 가시와도 같은 현실 속에서도 자신이 원하는 글쓰기를 선택했기 때문이다. 삶의 기술이 우리를 지켜 주지 못한다고 방법이 없는 것은 아니다. 방법은 늘 찾는 자의 눈에만 보인다. 나는 그의 삶을 바라보며 이런 글을 떠올렸다.

'그러므로 당신을 이 세상에 남길 수 있는 단 하나의 일을 하라. 몸은 비록 죽어 사라져도, 마지막 생명을 바쳐 완성한 그 일이 당신을 오랫동안 기억할 테니까.'

그는 내 말에 자신의 생각을 이렇게 덧붙였다.

"아무리 세상이 당신을 속여도, 일상에서 마주하는 모든 것에 용기를 내며 살아야 한다네. 어려움 속에서 보낸 시간은 결코 사라지는 법이 없으니까. 우리에게 필요한 것은 어려움 속에서 살면서 그것을 다루는 법을 배우는 거야. 그래서 늘 보이지 않는 손을 기억해야 하지. 언제든 어려움이 닥치면 우리를 도와주는 힘이 있고, 우리를 위해 애쓰는 멋진 손이 있으니까."

근사한 조언을 들으니 언젠가 그가 내게 해 준 말이 떠올랐다.

"죽음은 결국 후회의 영역이지. 자신에게 더 좋은 사람이 되지 못했다는 사실에, 남들 눈치를 보다가 하고 싶었던 버킷리스트를 결국 실천하지 못하고 목록에 그대로 남겨 둔 채로 세상을 떠났다는 사실에, 우리는 생전에 느꼈던 그 어느 순간보다 더 아파하며 포효하게 돼. 우리는 죽음보다 나은 오늘을 보내야 해. 그래서 늘 죽음을 바라보고 있어야 하지."

　죽음보다 나은 삶을 살기 위해 "가장 가치 있는 죽음은 무엇일까?", "우리는 진정으로 죽어 가고 있는 걸까?"라는 질문을 하며 사는 게 좋다. 그게 무엇이든 스스로 받아들이는 과정을 거치지 못하면 아무리 겪어도 겪었다고 말하기 어렵다. 다들 말로만 외치지, 늘 다른 생각으로만 가득하기 때문이다. 이를테면 이런 것들이다. "이 많은 돈 언제 쓰고 죽나?", "내가 죽으면 나오는 이자와 월세는 누가 다 쓰나?" 생전에 번 돈만 생각하느라 정작 인생의 가장 큰 행사인 죽음이 앞에 서 있어도 죽음을 제대로 바라보지 않는다. 통장과 돈, 건물만 바라보며 세상을 떠나는 것이다. 그래서 지금도 수많은 사람이 죽고 있지만, 정말 죽은 사람은 거의 없다. 모두 다른 생각을 하다가 죽었기 때문이다. 세상에서 가장 고요한 표정으로 "아, 바로 이게 죽음이구나!"라는 말로 마지막을 맞이할 수 있다면 그는 아프지도 힘들지도 않을 것이다.

　지금까지 헤아릴 수 없는 수많은 사람이 세상을 떠났지만 죽음에게 "너는 무엇이냐?"라고 질문하며 죽은 사람은 별로 없다. 실제로 맞이한 죽음과 진실한 대화를 나눈 사람이 별로 없는 이유는 무엇일까? "내가 이걸 마무리하지 못하면 누가 처리할 수 있을까?", "이번에 맡은 프로젝트를 끝내지 못하게 되면 어쩌지?" 죽으면 아무런 상관도 없는 그 일을 생각하고 걱정하느라 정작 눈앞에 다가온 죽음을 바라보지 못하고 사라지는 것이다.

살면서 가끔은 나의 죽음에 대해 집중해서 생각해 보자. 그래야 반대로 생명의 가치를 발견할 수 있고, 농밀한 일상을 보낼 수 있다.

살면서 하나를 분명하게 선택한 경험이
얼마나 있는가?

"이걸 선택하면 부모님이 걱정하실 것 같은데."

"나는 좋지만 그래도 이건 아닌 것 같아."

"아이들을 위해 이것보다는 저걸 선택하자."

인생은 선택의 연속이다. 삶의 목적을 제대로 정하지 않은 상태에서 한 선택은 훗날 돌아볼 때 후회스러울 가능성이 높다.

사는 동안 우리는 스스로 수많은 선택을 했다고 생각하지만, 돌아보면 자신의 의지가 100% 담겨 있는 선택을 한 일은 거의 없다는 사실을 깨닫게 된다. 오히려 사소한 이유로 자신이 정말 원하는 것을 선택하지 않고 타인을 위한 삶을 살았다는 슬픈 사실을 알게 된다.

"그 후회를 줄이려면 어떻게 해야 하나요?"

내가 진지한 표정으로 묻자 그는 기다렸다는 듯이 이렇게 응수했다.

"절대 사물의 겉모습에 쉽게 현혹되지 말게, 깊은 곳에서는 모든 것이 법이 되니까."

"겉이 아닌 속을 보라는 말씀이군요."

"맞아, 하지만 자네도 알고 있는 것처럼 그게 쉽지 않지."

그는 이런 질문이 필요하다며 입을 열었다.

"나는 누구의 인생을 살고 있는가?"

"나는 내가 원하는 것을 선택하고 있는가?"

"분명하게 원하는 그 선택을 나는 왜 망설이며 주저하는가?"

생각한 것을 강렬한 카리스마로 해냈을 것 같은 릴케도 살면서 주저하던 순간이 매우 많았다. 창조란 결국 스스로 맞다고 생각하는 하나를 선택해서 그것이 옳은 이유를 설명하는 과정의 합이기 때문이다. 당연히 자신의 선택은 그것을 반대하는 의견과 상이할 수밖에 없다. 바라보는 시선과 깊이가 다르기 때문이다. 그러나 그는 그럴 때마다 자신의 선택을 강하게 믿고 자신의 생각을 추구하며 살았다.

"꼭 기억해야 하네. 하나를 깊이 파고들어야 그 안에서 모든 것에 통하는 법칙을 발견할 수 있다는 사실을 말이야. 이걸 잊으면 결국 이런 고민을 하게 되지. '앞으로 어떻게 살아야 하는가?' 결국 우리는 인문학을 배워야 하는 거야. 왜 그런지 알아?"

"인생에서 소중한 것들이 거기에 있어서 그런 것 아닐까요?"

"그래, 맞아. 하지만 조금 더 본질에 접근해야 하지. 자네는 경청과 공부에 대해서 어떻게 생각하나?"

"음, 죽을 때까지 최선을 다해서 해야 하는 것이고, 뭐든 듣고 배우는 태도를 가지는 게 좋겠죠."

"반은 맞지만 반은 틀렸어. 인문학은 경청과 공부에서 시작하지."

릴케가 내게 전한 소중한 메시지를 한 편의 시로 구성했으니, 시를 낭송하듯 읽어 보길 바란다.

무작정 다 듣는 것이 아니라

들어야 할 것과 스쳐야 할 것을

구분해서 귀에 담는 것이 경청이고,

무작정 다 배우는 것이 아니라

배워야 할 것과 스쳐야 할 것을

구분해서 영혼에 담는 것이 공부다.

들리는 모든 소리를 다 듣고

세상이 추천하는

모든 것을 다 배운다는 것은,

아직 그가 삶의 방향을

제대로 설정하지 못했음을 증명한다.

자신을 제대로 아는 사람은 결코,

귀와 영혼에 아무거나 허락하지 않는다.

결국 앞으로 주어진 인생을 잘 살기 위해서는 인문학을 알아야
한다. 인문학은 경청과 공부로 이루어져 있는데, 그 이유는 자신
을 제대로 아는 사람만이 그것을 제대로 추구할 수 있기 때문이
다. 듣는 것 하나도, 배우는 것 하나도 쉬운 게 없다. 그 사실을 발
견하는 것이 자신을 아는 삶의 시작이라고 볼 수 있다. 모른다는
것, 알기 위해 분투한다는 것, 얼마나 아름다운 사실인가! 생명을
가장 가치 있게 쓰는 삶의 시작을 알리는 것이다.

올라가야 할 한 계단, 들어야 할 한마디, 써야 할 한 줄, 인생은
결국 '그 하나를 어떤 기준으로 선택하느냐'의 결과로 이루어지는
가장 지적인 게임이다. 삶의 목적을 더욱 빛나게 만들어 주기 때
문이다. 자신의 생각이 옳다는 확신이 강하게 든다면 그걸 선택
하고 뒤도 돌아보지 말고 전진하는 게 좋다. 그가 이룬 모든 창조
역시 비난 여론을 두려워하지 않는 용기에서 시작했다. 충분히

용감한 삶을 산 그는 여전히 더 많이 도전하고, 더 많은 두려움을 이겨 내지 못한 과거의 날들을 돌아보고 후회하며 우리에게 이렇게 외친다.

"더 많이 선택하고, 더 자주 두려움을 이겨 내야만 한다."

자신의 일처럼 타인을 위해
울어 본 적이 있는가?

청년 시절에는 누구나 자기 분야에서 미숙하고 내면도 연약하다. 릴케도 다르지 않았다. 그런 자신을 잘 알고 있었던 릴케는 자신을 바꿔줄 스승을 간절히 찾았다. 그러던 어느 날 우리에게 '생각하는 사람'이라는 작품으로 유명한 '오귀스트 로댕(Auguste Rodin)'이라는 조각가가 나타나 그의 영혼을 순식간에 변화시켰다. 릴케는 자신과 스승 로댕의 관계를 이렇게 근사하게 표현했다.

"그가 무겁게 흐르는 '깊은 강'이었다면, 나는 그 주변을 헤매던 '짙은 안개'였지."

그리고 그는 로댕을 처음 만나 어떤 시간을 보냈는지 간단하게 설명해 주었다. 가정을 이루었지만 가난에서 벗어나지 못해 힘들었던 1902년, 27살의 릴케는 62세의 로댕을 처음 만나게 된다. 단순히 숫자가 주는 차이만 봐도 엄청난 나이 차가 느껴진다. 그 사실을 증명하듯 당시 이미 로댕은 수많은 거부와 유명인들에게 작품을 의뢰받는 거장이었다. 그의 위대한 정신을 느끼자마자 릴케는 순식간에 빠져들었다.

"스승 로댕을 만난 기분이 어땠나요?"

"그를 만나면서 그제야 나는 예술이 무엇인지 깨닫게 되었다네. 이전의 나는 그저 돈을 위해 일하는 노동자에 불과했지. 글쓰기를 그저 생계를 해결하는 일이라고 생각했으니까."

"그에게 배운 것 중에 가장 중요한 것이 무엇이었나요?"

"분명하게 말할 수 있지. 그건 바로 '스스로의 관점'에서 벗어나, 사물로 '들어가서 보는' 관점이라네."

"멋진 말처럼 느껴지긴 하지만, 솔직히 쉽게 이해가 되지 않습니다."

"당연하네, 이건 아는 사람만 알 수 있는 감정이니까. 들어가서 보는 관점이라는 말을 이해하려면 가장 먼저, '타인을 위해 슬퍼하고 울 수 있는 영혼'을 가져야 하네. 내가 스승 로댕의 작품을 사랑하는 이유 역시 그 안에 가장 숭고한 눈물이 실제로 작품에 젖어 있기 때문이지."

그래도 이해가 되지 않아 "더 자세한 이유가 궁금합니다."라고 묻자 바로 이런 대답이 나왔다.

"사랑받는다는 것은 소비되는 것을 의미하고, 사랑한다는 것은 고갈되지 않는 기름으로 빛을 내는 것을 말한다네. 그러므로 사랑받는 것은 세상에서 사라지는 것이고, 사랑하는 것은 끝없이 지속되며 우리를 영원히 살게 하는 힘이겠지."

이 책을 통해 여러 번 전하고 싶은, 참 중요한 깨달음이다. 지금 당신을 위로하려는 누군가가 있다면, 그가 당신에게 주는 다정한 위로와 조용한 말이 그가 평온해서 하는 말이라고 생각하지 말라. 그의 삶 또한 당신처럼 슬픔과 어려움을 많이 가지고 있지만, 당신의 삶 근처에 머물며 힘을 주고 싶어 전할 수 있었던 마음이니. 그 사랑과 믿음이 없었다면, 그는 결코 당신에게 건넨 그 단어들을 찾을 수 없었을 것이다.

스스로를 위해서 우는 것은 그리 대단한 일이 아니다. 누구나 힘들면 눈물이 나오기 때문이다. 그러나 자신이 아닌 누군가의 고통과 슬픔에 공감하며 눈물을 흘리는 것은 참 어려운 일이다. 사랑하지 않으면 알 수 없는 감정이기 때문이다. 결국 그가 강조하는 것은 순결한 사랑이다. 누군가를 위해 운다는 것은 그를 사랑한다는 고백과도 같은 것이다. 실제로 릴케는 스승 로댕에게 그런 말과 마음을 자주 받았다.

로댕은 자신의 신실한 조수 역할을 매우 멋지게 수행하는 릴케가, 뜨겁게 달아오르는 청춘을 감당하지 못하고 방황하자 일을 마치고 저녁에 헤어질 때마다 이런 말을 꼭 전해 줬다.

"릴케, 우리 힘내자."

로댕은 서로가 참 좋은 하루를 보냈을 때에도, 반대로 서로가 다툰 날에도 아무런 거리낌 없이 같은 말을 따스한 음성으로 들려주었다. 그 짧지만 고마운 말에 엄청난 힘을 얻은 릴케는 훗날 이렇게 고백했다.

> "나의 스승 로댕, 그는 알고 있었던 겁니다. 우리가 젊은 시절을 살아가는 동안, 얼마나 그 말이 매일 들어야 할 정도로 필요한 것인가를."

어떻게 하면 그런 삶을 살 수 있을까? 릴케가 내게 꺼낸 단어는 의외로 '트라우마'였다. 우리가 언젠가부터 자주 사용하는 단어 중 '트라우마'라는 게 있다. "저게 트라우마가 되면 어쩌지?", "나 그게 트라우마가 되었잖아." 이렇게 자신과 타인에게 자주 적용하는 단어가 되었지만, 그들에게 "그래서 트라우마가 구체적으로 무엇을 의미하는 거야?"라고 물으면 적당한 답을 내놓지 못하는 경우가 많다. 이유는 간단하다. 단어의 뜻을 잘 모르면서 썼기 때문이고, 스스로 정의한 단어가 아니기 때문이다.

나는 그에게 "트라우마를 뭐라고 정의할 수 있을까요?"라고 물었다. 그가 내린 트라우마에 대한 정의는 매우 의외의 것이었는데, 바로 '속상한 마음'이었다. 정말 간단하고 또 쉽게 이해가 되지 않는가! "나 앞으로 저걸 보면 정말 속상할 것 같아.", "나 저 모습을 보면 자꾸만 속이 상해." 앞서 '트라우마'로 표현한 문장을 이렇게 바꾸면 훨씬 이해가 쉽다. 그러면서 그는 속상한 마음은 죽는 날까지 떨어지는 것이 아니라는 의견을 덧붙였다. 이유는 간단하다. 쉽게 치료할 수 있는 외상이 아니기 때문이다. 속, 그러니까 내면이 겪은 상처이기 때문에 더 자주 내면의 소리에 귀를 기울여야 하고, 속상한 마음을 위로해 줘야 한다. 그 과정과 삶이 중요한 이유는 자신의 상처를 통해 타인의 상처를 발견하게 되고, 그렇게 한 사람을 마음으로 안을 수 있기 때문이다. 다시 말해서 그 사람을 위해 울어 주는 내가 될 수 있다. 누군가의 아픔을 보며 든 속상한 마음은 곧 그 사람을 사랑하는 마음과 같다.

의심을 시작하면

모든 것이 의심스럽고

믿기 시작하면

모든 것이 믿음직스럽다.

의심과 믿음 중

무엇이 당신에게 좋을까.

물론 믿음은 감성이 아닌,

사실에 근거해서 시작해야 한다.

그러나 그 사실이란 것은

세상이 정의한 담보나 보증이 아닌

서로를 사랑하는 마음이다.

사랑이라는 근거보다

더 질기고 아름다운 가치는 없으니까.

삶이 힘들수록 우리에게는
사랑하는 그 마음이 희망이다.
믿음은 믿을 수 있는 조건이 아닌,
사랑을 시작하는 마음에서 나오니까.

인생의 가치가 보이지 않는가?
때로 귀한 것들은 믿어야 보인다.
누군가를 위해 울 수 있다면
당신은 당신의 가치를 만날 수 있다.

자신이 태어난 이유가 무엇인지
말할 수 있는가?

하루는 그가 특유의 천진난만한 표정을 지으며 인사 대신 독특한 질문을 건넸다.

"자네 눈에는 이게 무슨 그림인 것 같아?"

그는 흥미로운 모습이 그려진 그림을 보여 주며 차근차근 설명을 했는데 압축하면 이렇다. 수많은 펭귄이 낭떠러지 앞에 줄 서 있고, 단 한 마리의 펭귄만 아래로 떨어지는 모습이 그려진 삽화였다. 그는 다시 물었다.

"퍼스트 펭귄(first penguin)에 대한 이야기 들어 봤지?"

고개를 가로젓고 있는 내게 그는 이해하기 쉬운 언어로 이렇게 설명했다.

"하루는 빙산 근처에 사는 펭귄들이 먹을 것을 찾아 떠돌다가 마침내 낭떠러지 앞으로 펼쳐진 바다를 발견했어. 당연히 먹이를 찾으려면 바다로 입수를 해야 하지. 처음에는 서로 밀치며 앞서 가려고 하다가 딱 멈추는 순간이 찾아와. 그게 언제인지 알아? 바로 바다 앞에 섰을 때야."

그는 늘 그렇듯 가장 결정적인 장면인 여기에서 내게 "이유가 뭘까?"라고 물었다. 답변을 망설이자 그가 말을 이었다.

"그 안에는 먹이도 있지만, 반대로 자신을 먹이로 삼는 천적도 있기 때문이지. 가장 먼저 입수하는 펭귄이 가장 위험한 셈이야. 직감적으로 이를 간파한 펭귄들은 멈춰서 누군가 희생하며 입수하기를 바라는 거지. 그런데 그때 적막을 깨고 한 마리 펭귄이 입수하면서 안전하다는 사실이 증명되면, 이제 나머지 펭귄이 모두 바다를 향해 몸을 던지는 거야."

그의 말대로라면 가장 먼저 몸을 던진 그 펭귄이 퍼스트 펭귄이다. 인상적인 이야기를 듣고 한참을 생각에 잠겨 있던 내게 그는 낮은 음성으로 이렇게 말했다.

"나는 언제나 나를 활짝 펼치고 싶어. 어디에서든지 접힌 채로 살고 싶지 않다는 거지. 왜냐하면 내가 접힌 곳에는 거짓이 있고, 내가 파악한 것이 늘 진실이기를 바라고 있기 때문이야. 오랜 시간 바라본 그림처럼 자신을 표현하며 사는 것이 진짜 행복한 삶이 아닐까?"

죽음이 다가오면 그것이 행복이든 불행이든 감정의 종류는 그다지 중요하지 않다. 핵심은 "그것이 너의 것이냐?"라고 물었을 때 "그렇습니다. 저의 것입니다!"라고 답할 수 있는 것을 소유해야 한다는 사실이다. 비록 고통을 느끼더라도 그것이 스스로 선택한 것일 때 비로소 타인이 준 행복 이상의 빛을 발할 수 있다. 자신의 것일 때 불행은 기쁨보다 빛나고, 패배도 승리보다 아름답다. 단 하루라도 "아, 이게 바로 나의 인생이다!"라고 외칠 수 있다면 그걸로 그는 최고의 행복을 누리는 셈이다. 아니, 단 1초라도 그걸 느낀 후에 죽을 수 있다면 그는 태어난 보람이 있는 삶을 살았다고 볼 수 있다.

"늘 자신의 생각과 선택을 믿어야 하네. 논쟁과 토론의 결과가 아닌, 그대 자신과 감정을 믿어야 조금씩 나아진 자신을 만날 수 있지. 맞아, 실패도 고통도 있을 거야. 그러나 만약 그대가 틀렸다는 것이 밝혀진다면, 그대 내면의 자연스러운 성장이 결국에는 다른 통찰로 이끌어 줄 테니 아무런 걱정도 할 필요가 없다네."

있어도 어디에 있는지 알 수 없고, 별로 티가 나지 않아 그냥 지내는 사람은 스스로도 탄생의 이유를 밝히지 못할 가능성이 높다. 자신이 태어난 이유를 말할 수 없다면 그 삶은 얼마나 슬픈가! 스스로 태어난 목적을 알고 거기에 삶을 투자할 수 있을 때 우리는 비로소 자기 삶에 가치를 부여할 수 있다.

당신은 자신만의 잠을
자고 있는가?

장미 가시에 찔려 죽은 시인으로 알려진 릴케는 죽기 1년 전, 그답게 시를 써서 유언장을 만들었다. 그가 자신의 비문을 위해 직접 쓴 시를, 그의 삶에 감정이입을 해서 새롭게 번역한 내용을 소개한다.

"내가 사랑하는 장미여,

오 나를 지키는 순수한 모순이여,

그 수북한 눈꺼풀 아래에서

누구의 잠도 되지 않겠다는 갈망이여."

어떤 경우에도 자신의 삶을 추구하겠다는 강인한 의지가 느껴지는 아름다운 글이다. 물론 그의 삶도 고독했으며 누구보다 높고 쓸쓸했다. 하지만 릴케는 사는 내내 포기하지 않고 무엇을 시작하든 끝을 보았다. 그를 이끈 힘은 자신에게 찾아온 어려움을 사랑하는 마음에 있었다.

"우리는 모두 어려움을 사랑하고
지혜롭게 이겨 내는 법을 배워야 한다.
어떤 어려움 속에서도 우리는
우리를 향한 도움의 손길을 발견할 수 있다."

고통을 고통이라고 생각하지 않으면 고통은 사라진다. 마찬가지로 어려움에 처할수록 진정한 아름다움을 보여 주는 기쁨, 행복, 꿈을 놓지 말아야 한다. 그것은 스스로 잡는 자들의 것이기 때문이다. 물론 현실에서의 삶은 예측이 불가능한 것이라 고통 속에서 희망을 바라보는 게 쉽지 않다.

"자신만의 잠을 자는 게 중요하지. 자네는 어떤 문제를 주로 고민하며 살고 있나?"

"조금 더 농밀한 사색을 통해 사람들에게 도움을 줄 수 있는 글을 쓰고 싶다는 질문을 하며 살고 있습니다."

"질문을 하며 살고 있다는 말이 참 듣기에 좋군. 지혜로운 선택이야. 질문이 곧 잠이라고 말할 수 있지. 한 번 거기에 빠지면 쉽게 빠져나오기 어려우니까. 늘 기억하게. 당신에게 어떤 일이 일어났다는 사실, 삶이 당신을 잊지 않았으며 당신을 손에 꼭 쥐고 있다는 것을 떠올려야 한다네. 그렇다면 어떤 경우에도 삶은 당신이 추락하도록 놔두지 않을 것이니까. 다음 3가지 질문을 삶이 힘들 때마다 마음속으로 읽어 보게. 아마 힘이 될 거야."

당신은 왜 억지로 삶의 동요와 고통과 우울을 없애려고 하나요?
그것들이 당신에게 어떻게 작용하는지 모르나요?
당신은 왜 이 모든 것이 어디에서 와서 어디로 가는지 끊임없이
질문하지 않나요?

삶은 우리를 끝없이 괴롭힌다.
이제 겨우 고생을 끝내고
숨 좀 쉬며 살려고 하는 사람에게
탈출구가 없는 지독한 병을 주고,
배우고 또 배우지만 결국에는
무의미한 삶이 되는 건 아닐까,
끊임없이 불안에 떨게 한다.

그래도 살아야 하는데
나도 좀 살아 봐야 할 텐데,
자꾸만 고독은 깊어지고
희망의 수위는 얕아진다.

당신의 잠은 누구를 위한 것인가? 타인의 삶을 위해 눈을 감고 내일을 준비해야 하는 삶에서 벗어나면 비로소 자신의 삶이 보인다. 물론 힘들고 괴롭고, 때론 이탈한 자신의 삶이 무섭게 느껴질 수도 있을 것이다. 모두가 걷는 길을 무작정 걸어가면 최소한 외롭진 않으니까. 하지만 모두가 걸어가는 그 길에는 당신의 삶이 없다. 늘 자신의 문제를 가슴에 담고 살자.

그 고통과 아픔을 순결하도록 치열하게 견딘 릴케는, 이렇게 조언하며 당신을 응원한다. 그가 시처럼 썼으니 시를 읽는 마음으로 읽어 보라.

"마음에 풀리지 않는 문제가 있다면 인내하세요.

질문 자체를 사랑해 보도록 노력하는 거죠.

지금 억지로 대답을 찾지 마세요.

대답이 지금 주어지지 않는 이유는

대답을 찾아갈 수 있는 힘이

지금 당신에게는 없기 때문입니다.

모든 것을 부둥켜안고 살아가는 것이 중요합니다.

당신을 괴롭히는 문제를 안고

오늘 하루를 살게 된다면,

당신은 그리 멀지 않은 어느 날

현명한 대답을 지니고 살게 될 것입니다.

당신을 괴롭힌 가장 힘들었던 나날이

당신을 웃게 할 가장 아름다운 내일을 만듭니다."

II.

방향

어디에서 내 삶의 이유를
찾을 수 있나

임마누엘 칸트 Immanuel Kant

당신의 끝은
얼마나 아름다운가?

"나는 왜 사는가?"

누구나 살아가는 이유를 찾고 싶은 마음에 여행을 떠나기도 하고 생각에 잠기기도 한다. 과거 이 질문을 두고 한국의 지성 이어령 선생은 조선 시대에 짚신을 삼아서 파는 한 부자의 이야기를 내게 들려준 적이 있다.

이야기는 이렇게 시작한다. 부자의 아들에게는 풀리지 않는 의문이 하나 있었는데, 바로 '아버지가 삼은 짚신은 잘 팔리는데 왜 내가 삼은 짚신은 팔리지 않는 것인가?'라는 문제였다. 대체 이유가 뭐였을까? 아버지와 다른 재료를 사용하는 것도 아니고, 그렇다고 아버지가 더 많은 시간을 투자하는 것도 아니었다. 아버지는 끝내 그 비밀을 알려 주지 않다가 죽음을 앞두고 유언처럼 이렇게 말했다.

"끝, 끝이 중요해. 마지막에 꽉 조여서 마무리를 하는 게 비결이야."

그의 말에 동의하며 이성을 중시하는 철학자 칸트 역시 이런 조언을 한다.

"맞아. 마무리가 중요하지. 그렇게 삶의 방향을 제대로 잡고 싶다면, 욕망을 만족시키려는 것을 차라리 거절해야 하지."

"좋은 말씀이지만 그런 삶은 너무 무료하지 않을까요?"

"그렇다고 모든 욕망의 만족을 부정하는 스토아학파의 이념을 갖고 살라는 것은 아니지. 내가 말하려는 것은 모든 욕망 앞에서 한 걸음 물러나서 인생 속 곳곳에 숨어 있는 온갖 유혹적인 것들을 제거할 힘을 가지라는 거라네."

칸트는 무엇보다 향락을 절제하면 그만큼 인생이 풍부해질 것이라고 조언했다. 짚신을 삼던 부자 이야기가 주는 교훈과 일치하는 셈이다. 시작부터 중간까지 모든 것이 다 같았지만 마무리가 달랐던 이유는 부자의 아들에게 기술이 부족했던 것이 아니라 '이제 그만하고 싶다.'라는 욕망에 사로잡혔기 때문이다. 아들은 다음 짚신을 삼을 생각에 대충 마무리를 하고 넘어갔지만, 아버지는 하나하나에 모든 것을 담았다. 결코 거창한 게 아니다. 그저 짚신을 삼는 이유가 달랐기 때문에 태도도 달랐던 것이다. 아들은 마지막에 있는 힘을 다해 꽉 조여서 튼튼하게 만들 생각을 하지 못했던 것이다.

"이야기에서도 느꼈지만 한국 사람들은 마무리에 조금 약하다고 하지? 끝을 대충 맺는 태도 때문에 모든 상품이나 정책이 좋게 시작했지만, 결과가 제대로 나오질 않는 경우가 많을 거야."

"와, 어쩌면 직접 보신 것도 아닌데 그렇게 잘 아시죠?"

"짚신 이야기가 괜히 나온 게 아니겠지. 하나를 보면 열을 알 수 있는 거니까. 아무튼 뭐든 이유를 찾으려면 '일의 마지막 손질'이라는 표현을 기억하는 게 좋아. 얼마나 근사해. 마지막 손질을 통해 그 일의 수준과 질이 결정되는 거니까. 끝이 좋아야 모든 것이 좋아."

지난 20년을 겪어봐서 알지만 칸트는 단순히 귀에 듣기 좋은 말만 전하는 사람이 아니다. 끝을 완벽하게 소화해야 비로소 모든 과정이 빛난다는 것을 평생 실제로 보여 줬다. 그런 그가 특별히 골라 소개하는 릴케의 〈엄숙한 시간〉이라는 시를 감상해 보라.

〈엄숙한 시간〉, 릴케

이 세상 어디에선가 지금 울고 있는 사람은,

그렇게 영문도 모르고 울고 있는 사람은,

나를 위해 눈물을 보이는 것이다.

이 밤 어디에선가 웃고 있는 사람은,

그렇게 이유도 없이 이 밤에 웃고 있는 사람은,

나를 위해 웃음 짓는 것이다.

이 세상 어디에선가 걷고 있는 사람은,

아무런 목적도 없이 걷고 있는 사람은,

모두 나에게로 오는 발걸음이다.

이 세상 어디에선가 지금 죽어 가고 있는 사람은,

이 세상 어디에선가 사라질 준비를 하는 사람은,

마음을 다해 나를 바라보고 있는 것이다.

어떤 마음이 느껴지는가? 모든 사물과 사람이 당신을 응원하고 있으니 늘 무엇을 하든 마지막까지 영혼을 다해 완성하라는 의미로, 칸트가 만약 생전에 이 시를 접했다면 아마 자기 인생의 시로 선택했을 것이다. 실제로 그는 그렇게 평생을 살았다. 평생 독신으로 살았고 고향 쾨니히스베르크에서 150킬로미터 이상 바깥으로 벗어난 적이 없었다. 자신이 추구하는 삶의 목적을 완성하기 위해 다른 곳에 눈을 돌릴 틈이 없었던 것이다. 자신이 구성한 가장 완벽한 삶을 살기 위해 그는 평생 불행한 말은 전혀 꺼내지 않았다. 실제로 칸트는 '행복의 원칙'을 다음 3가지로 조언하며 그걸 일상에서 실천하며 살았다.

첫째, 어떤 일을 할 것
둘째, 어떤 사람을 사랑할 것
셋째, 어떤 일에 희망을 가질 것

칸트가 남긴 말에는 호응을 하지만 그의 삶에 대해서 관심을 갖는 사람은 별로 없다. 누군가의 삶의 방향을 알고 싶다면 그가 설계한 일상을 들여다봐야 한다. 그는 155센티미터 정도의 작은 키로 안타깝게도 허약한 체질을 타고났다. 하지만 당시로서는 고령인 80세로 생을 마감했다. 거기에 그만의 경쟁력이 모두 녹아 있다. 늘 규칙적인 생활을 하면서 자신에게 주어진 하루를 끝까지 최선을 다해 보냈기에 허약한 체질을 타고났지만 80세까지 삶을 유지할 수 있었다. 그의 삶을 생각하면 그 귀한 가치에 감동하지 않을 수 없게 된다. 몸이 아파 일어나지도 못할 것만 같았던 날 아침에도 그는 힘든 몸을 일으켜서 넥타이와 재킷을 갖춰 입었을 것이다. 그리고 모두가 알고 있는 것처럼 매일 같은 시각에 산책을 하고, 사색을 통해 지성을 단련했을 것이다. 나는 그 모습을 직접 목격하진 못했지만 옷을 갈아입는 그의 눈빛과 태도를 생각하고는 그 열정과 기품에 감동해서 눈물이 흐르는지도 모른 채 이렇게 뜨거운 마음으로 글을 쓰고 있다.

그는 세상에 태어나 사라지기 전까지 자신에게 주어진 일을 '끝까지' 멋지게 해냈다. 그게 바로 '인생의 방향'을 논하는 이 파트에서 그를 소개하는 이유의 전부다. 칸트의 인생이 지금까지 우리에게 감동을 주는 이유는 그가 위대한 창조물을 만들었기 때문이 아니다. 그가 무엇이든 끝까지 처음 마음 그대로 하면 가장 아름다운 결과를 만날 수 있다는 것을 몸소 보여 줬기 때문이다.

본질에 가까운 언어를
사용하고 있는가?

한 사람의 삶은 결국 그 사람이 오늘까지 사용한 그의 언어라고 말할 수 있다. '시대의 지성', '이성의 대가' 이런 평가를 받고 있는 칸트가 가장 좋아하는 말은 무엇일까? 그가 지금까지 경험했던 사서, 교수, 작가 등의 '자리'일까, 아니면 철학, 예술, 독서 등 그가 좋아하는 '예술적인 부분'일까? 한참을 고민한 그가 내놓은 답은 나의 예상을 완전히 빗나가는 것이었다.

"여보게, 나는 '실천'을 가장 사랑하네. 선행 역시 실천이 없으면 불가능하지. 선행이란 다른 사람들에게 베푸는 것이 아니라, 자신의 의무를 다하는 것이기 때문이야."

"아, 역시 움직이는 '이성의 대가'다운 말씀입니다."

"우리는 적게 말하고 자주 움직여야 하네. 늘 생각하지. '나는 해야 한다. 그러므로 나는 할 수 있다.'라고 말이야."

"그런 삶은 대체 어떤 삶인가요? 일상에서 보통 사람들도 실천하려면 어떻게 해야 할지 조언을 부탁드립니다."

"아주 간단하지. '나처럼 행동하라'고 누구에게나 말할 수 있도록 노력하면 되는 거야. 본질에 가까운 단어와 표현을 자주 사용하면 그렇게 살 수 있다네."

그의 답변이 더욱 놀랍게 느껴지는 이유는 "당신이 좋아하는 말은 무엇이냐?"라고 물으면 대부분 명사를 내놓기 때문이다. 하지만 그는 명사보다는 동사가 좋다고 말하며 그 이유에 대해 "언제나 움직이고 변화할 수 있는 희망이 있기 때문이다."라고 설명했다. 경이로운 눈으로 그를 바라보는 내게 바로 이런 질문이 날아왔다. 여러분도 한번 깊이 생각해 보시길 바란다.

"결과가 먼저인가, 아니면 동작이 먼저인가?"

칸트는 누구보다 규칙적인 삶을 살았다. 그는 답을 내기 전에 자신이 보낸 삶에 대한 설명을 먼저 했다.

"자네도 알고 있겠지만, 나는 365일 내내 매일 새벽 5시에 일어나 홍차를 마시며 일과를 시작하고, 7시에는 강의를 하며 시간을 보냈고, 어김없이 9시에는 마음을 다해 글을 썼지. 오후 1시가 되면 내가 친구들을 초대하거나 혹은 반대로 초대를 받아 식사를 즐겼지. 식사가 끝나고 3시가 되면 산책을 했으며 정각 10시가 되면 잠자리에 들었다네. 뭐가 느껴지는 게 없나?"

"정말 규칙적인 삶을 사셨네요. 저도 당신의 삶을 본받아 3시간 수면을 통해 매일 새벽 3시에 일어나 원고지 50매 분량의 글을 쓰며 사는 삶을 반복하고 있습니다."

"멋지네! 잘 실천하고 있군. 그럼 더욱 답이 쉽겠네. 다시 묻지. 결과가 먼저인가, 아니면 동작이 먼저인가?"

이런 질문 자체를 해 보거나 받아 본 경험이 별로 없을 것이다. 사실 평범한 질문이라고 보기는 힘들다. 그래서 더욱 질문이 중요하다. 같은 공간에서 같은 지식을 갖고 있어도 전혀 다른 지점을 발견하게 해 주기 때문이다.

다시 이야기로 돌아가면, 우리는 결과라는 도착지보다 동작이라는 과정이 먼저라는 사실을 알 수 있다. 칸트가 아침에 일어나 사색을 하며 홍차를 마시고 수업을 하지 않았다면 오전 9시에 글쓰기를 하기 힘들었을 것이다. 매일 글로 쓸 소재를 얻기 위해서는 그 이전의 과정이 필요하기 때문이다. 어렵게 생각할 필요가 없다. 움직이고 실천해야 그 결과로 하나의 명사를 완성할 수 있다. 동사가 없이는 명사도 존재하지 않는다. 그래서 명사만 존재하는 삶은 껍데기에 불과하며 할 이야기가 없는 인생이 된다. 자기만의 것이라고 부를 것이 하나도 없기 때문이다. 책이나 강연에서 배운 삶에 필요한 지식들을 아무리 멋지게 말해도 아무 쓸모가 없는 이유는, 누구의 삶이든 그것은 살았던 동사의 경험으로 이뤄져야 빛을 발할 수 있기 때문이다. '살다'라는 동사의 삶을 시작하면 그 순간 엄청난 변화가 시작된다. 이는 매우 놀라운 발견이 아닐 수 없다. 그는 그렇게 아무도 신경을 쓰지 않은 언어가 가진 본질적인 성질을 평생 염두에 둔 것이다.

그러나 굳이 칸트처럼 동사에 얽매여 생각할 필요는 없다. 자신만의 선택과 그걸 추구하는 분명한 이유만 있다면 아무런 문제가 없기 때문이다. 내게도 좋아하는 말이 하나 있다. 바로 'killer instinct'. 보통은 '승부욕'이나 '헝그리 정신'으로 해석하지만 나는 '가능성을 보는 눈'이라 말한다. 누구나 할 수 있는 것을 해내는 것은 그다지 어려운 일이 아니다. 그럼 반대로 이렇게 생각할 수 있다.

'모두가 힘들다고 한 일의 가능성을 볼 수 있다면 어떨까?'

모두가 할 수 있다고 생각하는 이유는 가능성이 빠르게 보이기 때문이다. 그럼 우리는 이런 생각을 할 수 있다.

'무언가를 못한다고 말하는 이유는 아직 할 수 있는 가능성을 찾지 못했다는 말이다.'

앞서 언급한 승부욕이나 헝그리 정신 모두 마찬가지다. 'killer

instinct'는 불가능한 것을 무모하게 도전하라는 뜻이 아니다. 모두가 불가능하다며 만류하지만, 혼자만 찾은 그 가능성의 지점을 믿고 도전하는 사람을 일컫는 용어다. 세상에 존재하는 수많은 동사가 칸트의 내면과 의식 수준을 키웠듯, '가능성을 보는 눈'도 내 삶을 지탱하는 멋진 기둥 역할을 하고 있다. 덕분에 도전 정신이 아니라 발견 정신이 투철한 사람으로 살고 있으며 '성공과 성장은 발견하는 자의 몫이다.'라는 신조도 갖게 되었다.

세상이 가리키는 방향이 아닌 본질에 더 잘 맞는 방향을 찾아내겠다는 생각으로 언어를 대하면 누구의 삶이든 생각하는 대로 바뀔 수 있다. 구체적인 방법을 묻는 내게 그는 이런 식의 질문을 자주 던져 볼 것을 주문했다.

"내가 좋아하는 말은 무엇인가?"
"무엇이 더 먼저인가?"
"이것의 과거 모습은 어땠을까?"
"어떤 생각에서 나온 결과일까?"

어려운 주문은 아니다. 일상에서 의식적으로 이렇게 본질을 발견할 수 있는 질문을 떠올리며 살다 보면, 자연스럽게 이전보다 좋은 쪽으로 변화하는 자신의 삶을 체감하게 될 것이다. 그리고 그렇게 얼마간의 시간을 보낸다면, 곧 별처럼 빛나는 이 말을 만나게 될 것이다.

"나는 철학을 가르치지 않는다.

나는 철학'하는' 것을 가르칠 뿐이다."

우리는 왜
생각해야 하는가?

생각이 중요하다는 사실은 누구나 알고 있다. 이 책에 소개하는 각 분야의 멘토들과 내가 상상 속에서 20년 넘게 교류하며 서로의 가치를 주고받을 수 있었던 것도 각자에게 생각이 있었기 때문이다. 우리는 생각의 가치를 제대로 창출할 필요가 있다. 그러나 인류는 어리석다. 지난 수천 년 동안 전쟁을 하면서 싸우는 것보다는 평화가 좋다는 사실을 그때그때 깨닫지만 이내 잊고 다시 죽고 죽이는 전쟁을 했다. 평화가 무너지고 폭탄으로 멸망한다는 사실을 누구보다 잘 알고 있지만, 그저 반복해서 싸우며 죽이고 이기려고 한다. 승자가 없는 싸움이라는 걸 알지만 패배 속에서라도 이기려고 한다.

이성주의자 칸트는 이쯤에서 자신에게 이런 질문을 해 볼 필요가 있다고 조언했다.

"우리는 왜 성장해야 하는가?"
"우리는 왜 어제보다 오늘 나아져야 하는가?"
"혁신이 점차 늦어지는 이유는 무엇 때문인가?"

이제 인류는 과거처럼 급격하게 발전하고 성장하는 시대를 살기 어렵다. 정체된 시기를 겪어야 한다는 말이다. 잠을 덜 자도, 다가오는 고통을 아무리 참아도 예전처럼 성장을 거듭하긴 쉽지 않다. 쉽게 말해서 정체된 일상을 견딜 용기가 필요하다. 그 일상을 견디려면 무엇이 필요할까? 바로 '생각'이다. 생각하는 자만이 지루함을 견딜 수 있고, 멈춘 시간을 더 가치 있게 활용할 수 있다.

하지만 안타깝게도 우리는 생각이 사라진 시대를 살고 있다. 다양한 곳에서 그 증거가 나오고 있다. 이에 그는 날카로운 질문을 던진다.

"순수하다는 것은 어떤 형태를 의미하는 걸까?"
"글쎄요, 쉽게 답하기 어려운 질문인데요."
"순수하다는 것은 정말 영예로운 것이지. 안타깝게도 순수함을 유지하는 것은 쉽지 않고, 아주 쉽게 유혹에 넘어가게 되기 때문이야. 세상에서 가장 지키기 어려운 것이 바로 '순수'라고 할 수 있을 거야."

"유혹에 넘어가지 않고 자신의 순수성을 지키려면 어떻게 해야 하나요?"

"인간에게 있어 가장 훌륭한 탐구가 뭐라고 생각하나? 내가 알려 주지. 바로 '인간이 되기 위해서 무엇을 해야 하는가에 대한 탐구'라네."

그는 잠시 숨을 가다듬고 의자에 앉아 말을 이었다.

"한국 사회를 보니 요즘 일시적인 식이요법과 운동을 통해 가장 예쁜 몸을 만들고 사진으로 찍어 남기는 사람이 많던데. 물론 다 의미가 있는 일이야. 그러나 이런 질문이 필요해. '조금 중요한 일을 하느라 우리는 가장 귀한 일을 하지 못하고 있는 것은 아닐까?' 바로 '생각을 장식하는 일'을 말하는 거야. 육체가 아닌 생각이 바로 그 사람의 삶을 증명하는 '영혼의 지문'이니까."

세월이 흘러서 나이가 들면 육체는 생기를 잃고 점점 옛 기억을 잊지만, 생각은 과거부터 지금까지 영혼이 지나온 그 길을 지문처럼 기억하고 남긴다.

소크라테스 역시 영혼의 지문이 곧 그 사람의 훗날 얼굴을 결정한다면서 몸의 장식보다 생각의 장식을 더욱 중요하게 여겼다. 하지만 슬프게도(?) 그는 외모가 훌륭하지 않아서 반대파의 비난과 조롱을 받곤 했다.

"얼굴이 영혼의 지문이라는 사람의 얼굴이 왜 그 모양이냐?"

소크라테스의 말대로라면 험악한 얼굴은 좋지 않은 삶을 살았다는 증거인데, 그의 얼굴이 꼭 그랬다. 완전 추남에 악인처럼 보였기 때문이다. 반대파에서 그의 얼굴을 보며 "왜 그렇게 살았냐?"라고 비난하자, 소크라테스의 제자들은 "우리 스승님은 추남이 아니다."라고 외치며 싸웠다. 하지만 소크라테스는 이때 자신에게 쏟아진 비난을 다른 말로 포장하거나 외면하지 않았다. 그는 사실을 인정하며 잊을 수 없는 명언을 남겼다.

"제자들아, 우리 거짓은 말하지 말자. 맞아, 나는 정말 악인처럼 생겼지. 앞으로는 그들에게 이렇게 말해 주는 게 좋겠구나. '우리 스승님은 악인으로 태어났지만 온갖 수양을 통해 그 육체를 극복하고 있다. 그렇게 이제는 누구보다도 선한 사람이 되었다. 선한 얼굴로 태어난 사람보다 수십 배나 더 고생을 했으니 더 위대하지 않겠어?'라고 말이다."

그는 이 말을 매우 중요하게 생각한다. 생각의 가치를 가장 극명하게 보여 준 사례이기 때문이다. 이렇게 생각을 바꾸면 다투지 않고 자신의 가치를 증명할 수 있다. 이것이 말로만 생각이 중요하다고 외치는 것이 아닌, 실제로 그렇게 살아가는 사람이 가진 힘이다. 생각하라! 생각하는 자만이 성장할 수 있고 성장이 더딘 시간을 견딜 용기도 낼 수 있다.

인생에서 과연
저절로 되는 것이 있을까?

"자네는 도덕에 대해서 깊이 생각한 적이 있나?"

그는 대뜸 답하기 어려운 질문을 던졌다.

"도덕은 매우 이루기 어려운 덕목이야. 일단 도덕은 도덕 그 자체의 추구가 목적이 아니기 때문이지."

"아, 그거 새로운 관점인데요. 그럼 우리는 도덕을 실천하면서 무엇을 얻을 수 있나요?"

"바로 자제력이지. 도덕에서 요구하는 것은 자기 스스로를 지배할 수 있는 능력이기 때문이야. 결국 자신을 제어하는 자만이 세상에 말하는 도덕성을 가질 수 있으니까. 결국 세상에 저절로 이루어지는 건 없는 거야. 도덕성 역시도 자신을 제이하면서 겨우 얻을 수 있는 거니까.”

그래서인지 그는 자신이 가장 싫어하는 표현 중 하나가 ‘저절로 되는 것’이라고 말했다. 세상에 저절로 이루어지는 것은 별로 없으며 모든 것이 인간의 이성과 의지를 통해 이루어지는 것이라 생각하기 때문이다. 타고난 성격과 성향, 모든 환경까지도 스스로의 의지로 바꿀 수 있다고 생각하며 실제로 그런 삶을 살아 냈던 그가, 하루는 내게 이런 질문을 던졌다.

“이 세상에는 참 다양한 분야의 전문가들이 있지. 그런데 이런 질문을 해 본 적 있나? 각 분야의 전문가들이 어떤 공통점을 갖고 있지?”

“글쎄요, 한 분야에서 오랫동안 자신의 일을 한 것 아닐까요?”

“그래, 맞아. 우리는 그걸 ‘사랑’이라는 다른 말로 바꿀 수 있지. 그게 끝이 아니야. 다이어트 전문가, 부모 교육 전문가, 기업 경영 전문가, 이들에게는 각각 자신에게 주어진 일에 대한 사랑이 있잖아. 그런데 그들이 다른 사람과 다르게 그 분야의 전문가로 활동할 수 있는 이유는 바로 그 사랑을 제어할 수 있기 때문이야. 적당히 주고 멈출 지점에서 자신을 제어할 수 있어서 그들은 전문가라는 이름을 가질 수 있던 거지. 음식을 끝없이 먹었다면, 아이들을 무작정 사랑했다면, 또 기업을 원칙 없이 사랑만 했다면 그들은 전문가가 될 수 없었을 거야. 사랑은 누구나 갖고 있지. 다만 그걸 멈추고 제어할 수 없어서 우리는 여전히 아마추어로 머물러 있는 거야. 쌓는 건 시간만 있으면 할 수 있는 쉬운 일이야. 중요한 건 가진 것을 제어하며 살아가는 일상이니까."

결국 이 세상에 저절로 이루어지는 건 하나도 없다. 먼저 사랑을 가져야 하며, 그걸 제어하고 때로는 멈출 줄 알아야 비로소 자신이 원하는 모습을 만들어 나갈 수 있다. 기계도 마찬가지다. 우리가 저절로 된다고 생각하는 것들을 들여다보면 인간의 힘이 필요한 것이 많다. 여전히 인간은 매우 필요한 존재인 셈이다. 저절로 되는 줄 알았는데 알고 보면 모두 내가 한 것이다. 그걸 깨달아야 우리는 모두 자신이 가는 길에서 방향을 잃지 않고 끝까지 갈 수 있다. 자신의 가치를 아는 사람은 멈추지 않는 법이다.

기계가 발달하고 인공지능이 우리 삶을 파고들지만, 여전히 인간에게는 인간이 필요하다. 생각처럼 저절로 되는 것은 별로 없다. 이는 매우 의미 있는 이야기다. 그래서 우리는 더욱 자기 자신의 감각을 끌어올리고 단련하는 데 힘을 써야 한다. 결국 내 힘이 내 삶을 결정하기 때문이다.

모든 것이 희미해지거나 타락하거나 본래 가지고 있던 고유의 힘을 잃은 시대에 우리는 살고 있다. 아니, 그렇게 생각할 수 있다. 하지만 조금 생각을 바꿔서 이렇게 질문할 수 있다면 이 세상은 자신의 수천 년 전의 모습을 보여 줄 것이다.

"나는 이제 막 태어난 아이의 눈으로 세상을 바라본 적이 있는가?"

그렇게 질문을 바꾼다면 타락한 것은 세상이 아니라 인간의 시선이라는 사실을 알게 된다. 그는 느끼고 있다. 죽음에 다가갈수록 인간은 점점 더 아이가 된다는 사실을 말이다. 나약해짐을 의미하는 것이 아니다. 좀 더 순수해지며, 오염되지 않아 사물을 있는 그대로 볼 수 있게 된다. 세상이 정한 규칙과 정의, 인간이 설정한 습관과 기능에서 벗어나 사물의 본질과 만난다면 우리는 이 세계의 진정한 가치를 만날 수 있다.

"삶의 진정한 자유는 스스로 이끌어 나가는 능동적인 사람에게만 선물처럼 온다네. 그게 바로 힘들어도 한 가지 뜻을 세우고 가야 하는 이유지. 잘못과 실패가 있더라도 그것만이 빛을 보는 길이라는 사실을 잊지 말게나."

그는 죽은 몸이지만 여전히 매일 경탄으로 하루를 시작한다. 같은 자연과 같은 사물이지만, 그걸 바라보는 그의 눈이 나날이 아이처럼 순수해지기 때문에 가능한 일이다. 그는 "경탄은 인간이 할 수 있는 최고의 지적 행위지. 지금도 수많은 사람 앞에 지나가고 있는 그것을 발견할 안목이 있어야 가능한 일이기 때문이야."라고 말하며 아이의 눈으로 세상을 바라보며 자주 경탄하기를 권한다. 경탄은 지적 수준이나 학력 혹은 경험이 결정하는 것이 아니다. 그저 아이의 시선으로 바라볼 수 있다면 누구든 할 수 있다. 어떤 일이 있어도 그 시선을 잃지 말자. 그것이 우리가 인간임을 증명하며 가치를 창출하는 힘이니까.

어떤 조각이
삶을 구성하고 있나?

칸트는 자신의 10년 인생을 투자해서 완성한 《순수이성비판》
이 나오자마자 지인들의 이런 평가를 받아야만 했다. "출간 초기
에 반응이 별로인 것을 보니 이번 책은 판매량이 저조할 것 같네."
하지만 이에 칸트는 확신에 찬 목소리로 강하게 응수했다. "절대
로 아니네, 그 책은 시간이 많이 걸릴 수는 있지만 언젠가는 세상
의 인정을 받을 거라네. 확신하지." 세계 철학사에서 매우 중요한
저서 중 하나임에도, 출간 초기 주변에서 불길한 예감이 쏟아진
이유는 워낙 책이 장황하고 난해해서 제대로 이해했던 사람이 거
의 없었기 때문이다. 하지만 시간이 지나자 《순수이성비판》은 칸
트의 예언대로 전 세계인의 인정을 받으며 철학의 바이블로 불리

게 되었다. 사실 그때를 생각하면 칸트 역시 조마조마한 상태였을 것이다. 10년이나 투자한 책의 반응이 예상보다 훨씬 저조했으니 말이다. "당시 솔직한 기분이 어땠나요?" 내가 묻자 그는 여전히 확신에 찬 음성으로 이렇게 응수했다.

"마음속으로 무언가를 정하고 그것을 하려고 할 때, 스스로 정말 그것이 옳다고 믿는다면 어떤 장애물도 마음껏 즐길 수 있지."

그 신념은 어디에서 나오는 걸까? 그는 내가 무엇을 궁금해하고 있는지 직감한 듯 바로 이렇게 자신의 생각을 한 줄로 압축했다.

"과학은 체계화된 지식이고, 지혜는 정리된 인생이다."

아무나 쉽게 해낼 수 없는 놀라운 해석이면서 과학과 지혜를 가장 적절하게 설명한 근사한 표현에 놀랄 수밖에 없었다. '역시 칸트는 다르구나.' 세상에 존재하는 다양한 지식의 조각을 결합하면 과학이 되고, 인생이라는 조각을 하나로 연결하면 지혜가 된다는 말이다. 삶은 결국 조각의 연결이자 합이라는 사실을 알기에 더욱 그는 우리에게 간절히 묻는다.

"당신에게는 어떤 삶의 조각이 있는가?"

이를 다른 방식으로 표현하면 "당신이 어떤 삶의 조각을 갖고 있는지 내게 보여 준다면, 당신이 무엇을 만들 수 있는지를 알려 줄 수 있다."라고 말할 수 있다. 조각을 갖고 있지 않으면 아무리 많은 지식과 정보를 접해도 그걸 해석하거나 연결할 수 없기 때문에 무엇도 창조할 수 없다. 그런 의미에서 우리를 구성하는 조각들은 곧 우리가 펼칠 가능성이라고 볼 수 있다.

"자신의 가능성을 믿으라고 많은 사람들이 조언하지. 하지만 그게 어디 쉬운가? 눈에 보이지 않는 가능성을 믿는다는 것은 참 어려운 숙제야. 하지만 그럼에도 우리는 믿어야 하네. 불신과 갈등이 쏟아져도 자신이 믿는 그 길로 가야 하고, 잘못과 실패가 있어도 견뎌내야만 하지. 다시 일어나서 앞으로 나가면, 반드시 빛이 그대를 맞이할 테니까."

칸트는 다양한 삶의 조각을 우리가 쉽게 갖지 못하는 이유는 능력이 부족해서가 아니라, 주변의 시선과 비난에 너무 신경을 쓰기 때문이라고 말한다.

"글 쓰는 사람이 뭘 안다고 참견이야."

"직장도 안 다녀 본 사람이 얼마나 알겠어!"

"자기 분야도 아니면서 뭘 조언하고 난리야."

많은 사람이 편견과 비난 속에서 자신의 조각을 만드는 일에 실패하거나 멈춘다. "그래, 이 정도면 됐지."라는 위안을 하면서 말이다. 그건 세상에서 가장 슬픈 위로에 불과하다. 그럴 때는 이런 생각으로 방해하는 자들의 비난의 언어를 뛰어넘어야 한다. 내가 칸트와 오랫동안 대화를 나누며 발견한 문장이기도 하다.

"누군가에게 배운 지식도 중요하지만, 삶을 가장 효과적으로 바꿀 수 있는 지식은 오직 그 사람의 삶에서만 나온다. 나는 내 삶이 준 지식의 조각을 믿고 사랑한다."

타인에게서 받는 억압과 시선에서 멀어져야 자신의 조각을 더 자주 만날 수 있다. 그 진실을 잊지 말자. 자신만의 조각을 조금 더 획득하는 자가 결국 더 농밀한 인생을 살 수 있다.

가끔 잊고 지냈던 호주머니를
뒤져 보는가?

"이거 내가 이상한 거야?"

"저 사람 나한테 왜 이래?"

"세상이 너무 불공평하네!"

살다 보면 이런 식의 억울하고 속상한 일이 자주 일어난다. 어쩌면 그렇게도 늘 힘든 일이 창조적으로 탄생하는지! 더는 견디기 어렵다는 생각에 주저앉아 울기도 한다.

하루는 칸트와 대화를 나누다가, 그런 내 고민을 여과 없이 드러낸 적이 있다.

"요즘 스토커가 있어서 고민입니다. 되는 일도 없는데 이런 일만 생기네요."

그는 한참 내 이야기를 듣다가 오랫동안 그 문제에 대해 사색한 후 이런 이야기를 꺼냈다.

"사실 나도 마찬가지라네. 생전에 내가 얼마나 힘들었는지 아마 짐작도 못할 거야. 남들은 다 이렇게 말하지. '삶이 화려하고 성공한 사람이다.', '정말 부러운 사람이다.' 하지만 정말 내가 그런 삶을 살았을까? 이렇게 비유할 수 있겠네. 잔디를 멀리서 보면 흠 없이 파랗지만 자세히 알기 위해 다가가 보면 여기저기가 듬성듬성하고, 또 잔디가 아닌 잡초가 그 자리를 채우고 있는 경우도 많지."

그의 말이 내 마음을 순식간에 맑게 만들었다. 정말 맞는 말이었다. 거울을 너무 가까이서 보면 아무것도 안 보인다. 사람마다 그 사람을 볼 수 있는 적당한 거리가 있기 때문에 죽는 날까지 제대로 모르고 살기도 한다. 그래서 우리는 가끔 주변을 돌아보며 내게 안 좋은 영향을 미치는 공간과 사람을 냉정하게 정리할 필요가 있다. 그렇다고 굳이 시간을 내서 정리할 필요는 없다. 뭐든 일상에서 자연스럽게 이뤄지는 것이 아름다우니까.

"나는 평생 '자유'에 대해서 말해 왔지. 자네에게 자유란 어떤 존재인가?"

"원하는 것을 원할 때 할 수 있는 삶, 그 정도가 아닐까요?"

"그것도 좋지만, 이전에 하나 더 생각할 게 있지. 바로 '자유의 경계'를 구분하고 지키려는 태도에 대해서 말이야. 남의 자유를 방해하지 않는 범위 내에서 자기의 자유를 확장하는 것, 이것이 내가 생각한 자유의 법칙이라네."

"당신이 말하는 '자유의 법칙'과 '공간'에 대해서 다루는 이번 장의 주제 사이에 어떤 상관관계가 있나요?"

"매우 밀접한 관계가 있지. 자유는 우리가 평생 살아가는 하나의 공간이고, 인간은 교육을 통하지 않고는 인간이 될 수 없는 유일한 존재이기 때문이지. 교육을 통해 더 나은 인간이 되어야 하고, 또 그런 인간만이 자신의 공간을 자유롭게 활용할 수 있으니까. 그래서 가장 중요한 게 바로 이거야. 이 글은 자네가 필사를 하면 좋을 것 같네. 앞으로 멋진 인생을 사는 데 큰 도움이 될 테니까."

> 인간을 더 아름답게 만들 자유는
> 스스로 자신을 자유의 몸으로
> 이끌어 나갈 만한 사람에게 깃든다.
> 그런 이에게 자유는 일생의 반려자가 된다.

'이성'이라는 단어를 떠올리면 바로 '칸트'가 생각날 정도로 그는 인간의 '최상의 인식능력' 전체를 일컫는 말인 이성을 다루는 지적인 거인이다. 그런데 그런 그가 대화를 시작하기 전에는 마치 루틴처럼 이런저런 이야기를 꺼낸다. 영화 이야기를 하다가 뜬금없이 산책한 이야기를 하기도 한다. 계통이 없어 서로 연결이 되지 않는 이야기가 평소의 그답지 않다. 그러나 시간이 지나면 그 모든 것이 이유가 있는 방황이었다는 사실을 알게 된다. 한동안 그렇게 다양한 이야기를 꺼낸 후 그는 마침내 준비가 되었다는 표정으로 "자, 이제 시작하지!"라고 말하며 본격적인 대화의 시작을 알린다. 하루는 그 이유에 대해 묻자 그는 이렇게 답했다.

"대화를 시작하기 전에 말의 호주머니를 가끔 이렇게 정리할 때가 있어. 말의 주머니를 털면 가끔 멋진 이야기가 나오니까 말이야. 반대로 버려야 할 것들도 나오니 정리가 가능하지."

우리도 가끔 일상에서 주변 정리를 할 때가 있다. 문득 바지 호주머니에 손을 넣어 보면 지난 영수증과 이제는 쓸모가 없어진 단추가 나올 때가 있다. 그럴 때면 '이걸 내가 왜 가지고 다니는 거야?'라는 생각이 든다. 말의 호주머니 역시 그렇다. 필요 없는 것을 털고 귀중한 것을 더 소중한 마음으로 담는 시간이 필요하다. 그렇게 말의 호주머니를 뒤지다 보면 자신에 대해 더 잘 알게 되기 때문이다.

　잊고 지내던 호주머니를 뒤지는 것 하나로도 우리는 이렇게 많은 이야기를 나눌 수 있다. 내 삶에 꼭 필요한 것과 버려야 할 것을 분명하게 구분할 수 있는 계기도 마련할 수 있다. 인연과 만남을 정리하는 것처럼 가끔은 말의 호주머니를 들여다보며 정리하는 시간을 갖는 것도 필요하다. 삶을 더 분명하게 정리하기 위해서.

당신이 지금까지 진짜로 산 시간은
얼마나 되는가?

칸트는 1804년 2월 12일, 80세로 생을 마감했다. 이성과 태도
를 중시하며 살았던 그라서 더욱 궁금해진다. 그는 마지막으로
어떤 말을 남겼을까? 그가 남긴 유언은 의외로 매우 간단하다. 그
는 하인 람페에게 평소 즐기던 와인 한 잔을 청해 마시고는 이렇
게 외치며 삶을 마감했다.

"좋아(Es ist gut)!"

오랫동안 함께 상상 속 대화를 나누며 영혼의 친구로 지냈던 나
는 그의 '좋아'라는 말이 이렇게 들렸다.

"평생을 느낌표와 물음표를 오가는 삶을 살았다. 그걸로 나는

충분히 만족한다."

칸트의 삶을 대표할 수 있는 한마디다. 언제나 농밀한 진짜 인생을 살아야 한다고 강조하는 그에게 인생은 느낌표와 물음표의 반복이었던 셈이다. 이유가 뭘까? 그의 삶을 통해서 볼 때 나는 그 이유를 이렇게 생각한다.

"당신은 내면에 담은 느낌표를 통해 불안한 일상을 고요히 다스려야 하고, 안주하는 일상에 빠졌을 때는 물음표를 통해 스스로에게 불안을 선물해야 한다."

삶이 성장하지 않아 불안할 때는 물음표로, 반대로 성장 끝에서 불안한 마음이 들 때는 느낌표로 삶의 균형을 맞추라는 의미다. 그래서 삶은 끝없는 느낌표와 물음표의 연속이어야 한다. 안주하는 자에게는 불안을, 불안에 빠진 자에게는 평온을 줘야 하기 때문이다. 칸트도 내 의견에 동의하며 자신이 매우 좋아하는 '폴 발레리(Paul Valéry)'의 〈해변의 묘지〉라는 시를 낭송해 줬다. 그를 만나 느꼈던 분위기를 시에 녹여 냈으니, 차분하게 그 분위기를 만끽해 보라.

〈해변의 묘지〉, 폴 발레리

바람이 분다. 살아야겠다.

남쪽에서 부는 세찬 바람은

내 책을 펼쳤다가 다시 닫는다.

세찬 물결은 조각조각 부서져

바위로부터 활기찬 모습으로 뛰쳐나온다.

날아가자, 치열하게 눈부신 책장들이여!

그리고 부숴라, 나의 파도여!

뛰어가 물살로 부숴 버려라.

돛배가 먹이를 쪼고 있던 이 조용한 지붕을!

세상에 살아야겠다는 말보다 치열하고 뜨거운 표현이 또 어디 있을까? "우리도 한번 제대로 살아 보자.", "이왕 태어났으니 남부럽지 않게 살아야지."라는 말은 애절함과 희망이 동시에 느껴지는, 삶을 향한 절실한 마음이 담긴 표현이다. 그래서 들을 때마다 뜨거운 눈물이 흐른다. 지금 자신에게 질문해 보라. '살자'고 외친다는 것은 무얼 의미하는 걸까? 그럼 지금까지 죽었던 건가? 맞다. '살자'라는 외침은 살아 있지만 죽어 있었던 것을 고백하는 가장 강력한 표현인 것이다. 폴 발레리가 말하는 '살아야겠다'는 바로 그런 의미다. 지금까지는 살아도 죽은 사람처럼 지냈지만, 이제는 정말 내 삶을 살아야겠다는 의지를 드러내는 말이다.

모두가 그렇듯 그의 삶도 쉽지 않았다. 31세에 시작한 대학 강사의 삶은 46세까지 무려 15년 동안이나 이어졌다. 그는 당시 교수가 아닌 강사였다. 당시 독일의 강사는 대학에서 급여를 받지 않았다.

"자네 말이 맞아. 옛날 생각이 나네. 당시 나는 청강하는 학생들에게서 직접 수강료를 챙겨 생계를 이어갔지. 현재로 변환해서 생각하면 학원 강사로 15년이나 살았던 셈이야."

"지루하지 않으셨나요? 같은 일상과 과목에 지루할 수도 있고, 그런 삶에 희망이 없다고 생각했을 수도 있으니까요."

"삶은 지루할 틈이 없는 멋진 연극이지. 나는 내 감정과 원칙에

충실했다네. 재미있는 이야기를 하나 들려주지. 나는 술을 너무 많이 마시는 사람이나, 술을 아예 안 마시는 사람 둘 다 철저히 경멸했다네. 또한, 맥주를 싫어하고 와인을 좋아했지. 이건 분명한 나만의 원칙이었어. 오죽하면 식사를 초대받은 사람 한 명이 내게 맥주를 선물로 줬는데 내가 뭐라고 말한 줄 아나?"

"맥주는 마시지 않으니 당신이 다 마시라고 하셨나요?"

"그 정도면 약과지. 나는 정중한 태도로 이렇게 말했다네. '그 맥주를 마실 거면 내 집에서 나가야 합니다.' 어떤가? 지금 생각하면 미안한 마음도 들지만, 사람이 살면서 자신의 원칙을 지켜야 할 때도 있는 법이니까."

삶의 모든 순간, 그는 달랐다. 누구나 자신은 살아 있다고 생각한다. 어찌 생각하면 당연하다. 심장이 뛰면 살아 있다고 볼 수 있으니까. 조용한 공간에서 근사한 음악을 듣고, 아침에 일어나면 가장 먼저 생각나는 사랑하는 사람을 만나고, 만나면 좋은 친구들과 대화를 나누며 우리는 살아 있다는 사실을 느낀다. 하지만 그는 조금은 강력한 메시지를 전파한다.

"스스로에게 질문해 보면 답이 바로 나와. 스스로 살아 있다고 생각하는 그 순간 정말 나는 살아 있는 걸까? 돌아보면 '나는 살아 있다!'라고 느낄 수 있는 기간이 과연 얼마나 될까? 우리가 100년

을 산다고 가정할 때 살고 있다는 강력한 동사를 느낀 게 몇 시간
이나 될까?"

"이것이 바로 나의 인생이다!"라고 외칠 수 있을 때 우리는 그
시간을 살아 있다고 부를 수 있다. 그런 삶을 살고 싶다면 그가 평
생 느낌표와 물음표를 오가는 삶을 살아가며 성장과 평안을 자신
의 것으로 만든 것처럼 스스로 자기 삶을 제어해 보자. 타인이 아
닌 내가 나를 움직이고 또 멈출 수 있을 때 살아 있다고 말할 수
있는 거니까. 그가 완벽한 결론을 냈다. 더 무슨 말이 필요할까?

"공들인 삶은
죽음이 다가올수록
더욱 빛을 발한다."

III.

사색

삶에 대한 오래된 관점을
전복시킬 질문

프리드리히 니체 Friedrich Wilhelm Nietzsche

당연한 것을 당연하지 않게
생각한 적이 있는가?

그는 나타나자마자 질문을 던지기 시작했다.

"누군가를 비난할 때는 평소에 반대했던 생각과 논리도 좋게 느껴지는 이유가 뭘까? 정치를 보면 늘 느끼는 거잖아. 과거에 했던 말과 행동을 쉽게 바꾸면서 자신의 이익을 추구하는 모습 말이야. 나는 그들의 어리석은 모습을 보며 이런 생각을 하지. '적을 향해 행진할 때는 나쁜 음악과 나쁜 논리도 얼마나 좋게 들리는가!' 자네는 사색의 기본이 무엇인지 알고 있나?"

"누군가를 도우려는 마음이 아닐까요? 제가 지난 20년 넘게 연구하고 실천하며 발견한 사색의 기본은 도움을 주려는 마음입니다."

"정확하네, 다만 내가 이해하기 쉽게 실천이 가능한 문장으로 바꾸면 이렇게 표현할 수 있지. '만약 당신이 지식인이라면 적을 사랑할 수 있을 뿐 아니라, 친구를 미워할 수도 있어야 한다.' 이렇게 말이야."

그의 질문은 다시 방향을 바꿔 일상의 호기심에 대한 부분에 이르렀다.

"기린의 목이 그렇게 길어진 이유가 무엇 때문인지 알아?"

"돼지는 왜 그렇게 다리가 짧은지 알아?"

"책을 읽고 강의를 아무리 들어도 발전이 없는 이유가 뭔지 알아?"

니체를 만나 상상 대화를 나누면 자리에 앉자마자 질문이 쏟아진다. 상상을 초월한 것들부터 우리가 일상에서 쉽게 접하는 것들까지. 다양한 질문이 분수처럼 솟구치기 때문에 정신을 바짝 차리지 않으면 대화의 흐름을 놓치게 된다. 그러나 가장 중요한 것은 그가 자신이 던진 질문에 스스로 매우 근사하게 답안까지 내놓는다는 사실이다. 그의 이야기를 듣다 보면 이런 생각이 든다. '기린을 잘 안다고 생각했지만 전혀 알지 못했구나.', '강연과 변화에 대해서 늘 가장 잘 알고 있다고 생각했지만 난 아직 멀었구나.' 우리는 기린이나 돼지 혹은 강연에 대해서 안다고 생각했지만 사실 전혀 알지 못했던 것이다. 더 정확하게 말하면 그저 '기린'과 '돼지'라는 단어의 의미만 외우거나 배워서 아는 것뿐이다. 실제

모습을 흔히 볼 수 없다 해도, 그렇다고 특별히 알기 위해 주도적으로 찾아보지도 않았기 때문이다. 맞다. 그게 바로 핵심이다. 잘 알고 있다는 생각은 그저 착각일 뿐이다. 세상은 넓고 상상한 것보다 크다. 세상에는 우리가 모르는 정보가 엄청나게 많다. 중요한 사실은 그걸 모르는 이유가 배우지 못해서가 아니라 알기 위한 노력을 하지 않았기 때문이라는 것이다. 니체는 그런 우리의 안타까운 현실을 '하루'와 '주머니'의 관계를 비유해서 설명한다.

"자네가 많은 것을 담고자 한다면, 하루는 백 개의 주머니를 가지고 있지. 비록 단 하루라도 짐작할 수 없을 정도로 많은 결실을 낼 수 있다는 말이야."

"그런 상태로 의식 수준을 높이려면 어떤 마음으로 사물을 바라봐야 하는 걸까요?"

"자신을 완전히 새롭게 바꿔야만 하네. 진실에 대한 탐구는 그전까지 '진실'이라고 믿던 모든 것에 대한 의심으로부터 시작되니까 말이야. 우리는 벽을 관찰할 때 세워서 전면을 볼 수도 있고 반대로 엎어서 선을 볼 수도 있지. 사소한 문제라고 볼 수도 있지만 세워져 있는 벽을 엎어서 바라보는 순간 '면'에서 '선'으로 넘어가는 역사적인 사건을 자신의 눈에 보여 주는 일임을 깨달아야 한다는 거야."

생각은 눈이 더 선명하게 볼 수 있게 돕고 눈은 다시 생각을 일깨운다. 시선의 힘과 생각의 힘이 그렇게 일상을 새롭게 하는 나날을 보낸다면 어떤 삶이든 강해지고 깊어지지 않기가 오히려 힘들다. 또한 잘 모르지만 알고 있다고 착각한 것들에서 깨어나 낯선 관점으로 새로운 일상을 시작할 수도 있다. 그러나 우리는 보통 기린을 보면서도 왜 목이 그렇게 길어졌는지 이유에 대해서 생각하지 않고, 돼지의 다리가 짧은 이유에 대해서도 전혀 알고 싶어 하지 않는다. 별생각을 하지 않고 그저 주어진 세상을 마치 배역에 맞는 연기를 하듯 살고 있는 것이다. 그러나 그들은 연기를 잘했다는 상은 받을 수 있어도 자기만의 세계는 구축할 수 없다.

"자네도 잘 알잖아. 통찰력을 길러야 한다고 다들 말하지. 그런데 왜 좋다는 책과 강연을 아무리 들어도 통찰력이 생기지 않는 걸까?"

그는 자신의 생각을 전하고 싶은 문제가 생길 때마다 내게 의견을 묻기는 하지만 답변을 기다리지는 않는다. 워낙 중요한 문제라서 그렇다. 그때도 마찬가지였다.

"바로 이거야. 당연한 것을 당연하지 않게 바라보는 시선의 힘, 바로 '관찰!'"

그의 음성에서 분명한 느낌표가 전해졌다.

"좋다는 책을 읽고 강연을 접하면서 우리는 그들이 가진 지식을 잠시 빌릴 수 있지. 하지만 자신의 것으로 만들지는 못해. '지식'을 '지혜'로 만들지 못한다는 말이야. 이유가 뭔지 알아? 늘 상식적인 시선에서 바라보기 때문에 관찰을 하지 못하기 때문이야."

그의 생각은 명확했다. 공부를 통해 우리는 '세상의 지식'은 잠시 빌릴 수 있지만 '자기만의 지혜'는 쌓지 못한다. 그리고 그 이유는 치열한 관찰의 부재 때문이다. 365일 내내 배워서 산더미처럼 지식을 쌓아도 잠시 빌린 그것을 유심히 관찰하지 않으면 금방 달아나 버린다. 남에게 빌린 지식은 그 지식의 주인에게 돌아갈 날을 손꼽아 기다리고 있기 때문이다.

그는 관찰은 대단한 것이 아니며, 일상에서 마주치는 사소한 것들에서 출발하라고 조언한다. "우리는 왜 하루에 3번 식사를 하나?", "부모는 왜 아이를 사랑하는가?", "새는 왜 자꾸만 둥지를 옮기는가?" 그냥 보고 "그렇구나." 하며 스치는 것들에 자꾸만 근원적인 질문을 던지며 관찰을 해 보는 것이다. 아무리 질문하고 관찰해도 풀리지 않는다고 적당히 멈추는 게 아니라 답을 찾을 때까지 그 자리에서 떠나지 않고 계속 생각하는 것이다. 만약 어쩔 수 없이 자리를 떠날 일이 생기거나 일상으로 돌아가야 한다 해도, 돌아간 그 자리에서 틈이 날 때마다 생각을 하고 또 하는 것이다.

그게 바로 그가 강조하는 남에게 빌린 지식을 나만의 지혜로 바꾸는 방법이다. 이런 변화와 혁신을 생각하며 떠올릴 때마다 그는 가슴이 떨린다며 그 황홀한 기억을 이렇게 표현한다.

"내가 몰랐던 것들, 그러니까 이제는 알 수 있는 것을 생각하면 나는 가슴이 뛰고 참 행복해. 세상이 알려 주는 지식을 맹목적으로 외워서 대체 어디에 써먹을 수 있겠어. 거기에서 무슨 새로운 지식인이 나오고 혁신을 통해 성장할 수 있겠어. 그래서 사색이 중요하지. 그걸 가능하게 하니까."

죽음이 다가온다는 것은 배울 시간이 점점 사라지고 있다는 말과 같다. 살아 있을 때, 건강한 몸과 마음으로 어디든 갈 수 있을 때 조금이라도 더 사색하며 오래된 관점에서 벗어나 새로운 세계로 접속하자.

나는 왜
존재하는가?

누구도 넘볼 수 없는 콘텐츠를 만들고 싶거나 타인과 차별화가 된 유일한 삶을 살고 싶다고 말하면서 비슷한 이야기를 주제로 나누는 무리에서 벗어나지 못하고 있다면 혹은 SNS에서 의견이 맞는 사람들과 오랫동안 소통하고 있다면, 당신은 지금 말과 행동이 일치되지 않는다는 사실을 깨달아야 한다. 니체는 그런 상황을 한마디로 이렇게 압축해 설명했다.

"세월이 아무리 흘러도 변하지 않는 게 하나 있더군. 바로 스스로 자신의 색을 지우는 선택을 하는 사람들의 존재가 있다는 거지."

"맞습니다. SNS에서도 그런 상황이 나타나고 있습니다."

"그렇지. 내가 잠시만 살펴봐도 느껴지더군. 자기만의 방식으로 단 하나의 생각을 하고 싶다면서, SNS에 들어가서 없어도 티가 나지 않는 수천 명 중의 한 명이 되는 삶을 살고 있으니 말이야."

수천 명이 단 하나의 생각을 하고 있다면 그건 수천 명이 아니라 한 사람이다. 존재의 이유 자체가 없는 삶인 셈이다. 수많은 사람과 자신을 구분하기 위해서는 고독한 일상을 추구해야 한다. 그러나 그건 말처럼 쉽지 않다. 자신에게 통렬하게 질문해 보라.

"나는 언제 가장 고독한가?"

사업 또는 사랑에 실패했을 때나 믿었던 사람에게 실망했을 때도 참 견디기 힘들지만, 세상에서 가장 고독한 시간은 몸이 아플 때다. 재산과 권력은 나눌 수 있고 사랑과 기쁨은 공감할 수 있지만 몸이 아픈 것은 오직 자신만 아는, 세상에서 가장 개인적인 일이기 때문이다. 설명할 수도 없고, 굳이 설명하고 싶지도 않다. 알지 못하니 누구도 짐작할 수 없으며 그러므로 공감할 수 없다. 참쉽지 않다.

이 책을 쓰는 동안 내 몸은 많이 아팠다. 대화를 나누는 동안 때때로 내 몸에 고통의 시간이 찾아왔다는 것을 나는 알고 있었지만 타인은 그것을 짐작할 수 없다. 아픔이 역력히 드러난 표정에서 짐작할 수는 있겠지만, 그 크기가 어느 정도인지는 정확하게 알 수 없다. 제대로 알지 못하기 때문에 안부조차 묻지 못하는 상황을 여러분도 자주 겪어봤을 것이다. 그렇다. 건강하던 몸에 이상 징후가 생기면 하나의 섬이 된다. 진정한 고독을 경험하게 되는 것이다. 아무리 주변에 사람이 많아도 '나는 혼자구나.'라는 생각을 태어나 처음 하게 된다. 가장 가까운 사람이 죽어도 살아 있는 사람은 잠시 죽을 것처럼 슬퍼하다가 결국 배가 고파 밥을 찾아 먹고, 먹은 만큼 죽은 자의 기억도 서서히 잊는다. 세상에는 나를 대신해서 죽어 줄 수 있는 사람도 없고, 또 그런 과정은 허락되지 않는다. 병과 고통은 누구에게도 상속할 수 없기 때문에 오롯이 혼자 감당해야 한다. 죽음 앞에서 우리는 혼자다. 또한 나의 생명이 나의 것이듯, 타인의 생명도 그의 것이다. 이건 매우 중요한 지점이다. 인간은 결국 설명할 수 없는 각자의 아픔을 지닌 고독한 섬이라는 증거이기 때문이다.

니체의 삶도 돌아보면 고독의 연속이었다. 죽음을 앞에 두고 철저하게 고독한 시간을 보내던 그가, 가장 마지막에 깨달은 삶의 진리는 바로 이것이었다.

"나를 죽이지 못하는 모든 고통은 오히려 나를 더 강하게 할 뿐이야. 그래서 우리에게는 모두 고독을 견딜 용기가 필요한 거야. 그래야 더욱 강해질 수 있기 때문이지."

"음, 그건 구체적으로 어떤 삶을 말하는 걸까요?"

"간단해. 수천 명이 모두 나를 떠나도 혼자 남을 용기, 반대로 수천 명이 다 남아 있어도 혼자서 길을 떠날 용기가 필요하지. 남는 것, 떠나는 것, 방향은 다르지만 모두 커다란 용기가 필요하니까. 자신에게 용기를 줄 수 있는 사람만이 할 수 있는 삶이기 때문이야."

이를 제대로 하지 못하는 이유는 약하기 때문이 아니다. 진짜 행복이 무엇인지 몰라서 그럴 뿐이다. 타인을 따라 평균이 되는 삶에서 만족을 느끼던 사람은 결국 그 안에서만 행복을 만나게 된다. 그러나 혼자 떠나거나 남을 수 있는 사람은 고독을 견딜 용기를 통해 자신과 만나 뜨거운 행복의 순간을 누릴 수 있다. 고독을 견딜 수 있다면 행복과 성취감, 성장과 더불어 가치 있는 인생까지 모두 얻을 수 있다. 무언가를 하고 싶다면, 그것이 지금 당신에게 정말 절실하다면 철저히 혼자가 되는 일상을 선택하라. 그리고 자신에게 질문하라.

"나는 왜 존재하는가?"

혼자를 견디기 힘들 때마다 이 문장을 가슴 깊은 곳에 담았다가 꺼내 읽어라.

"무리를 지은 곳에는 내가 없다."

우리는 진짜
검색하고 있는가?

하루는 생각에 잠겨 있던 니체가 문득 내게 물었다.

"자네는 나에게 무엇을 배웠는가?"

"제 식견으로는 짐작할 수 없었던 수많은 지식을 배웠습니다."

"그럼 그로 인하여 실천하고 있는 것이 있는가?"

내가 답을 찾지 못하고 망설이자 그는 호령하듯 이렇게 외쳤다.

"제자가 계속 제자로만 남는다면 스승에 대한 고약한 보답이라
네! 마찬가지로 지식이 단지 지식으로만 남는다면 그것 역시 지식
에 대한 고약한 보답이지. 아는 것은 바로 실천을 통해 지혜로 만
들어야 한다네. 그래야 비로소 하나를 배웠다고 말할 수 있지. 요

즘 세상에는 검색이라는 게 있지. 그걸 제대로 활용하는 사람이 별로 없어. 다들 지식과 정보를 제대로 사용하지 못하고 있지."

검색은 매우 소중한 지적 도구다. 그러나 그걸 제대로 활용하는 사람이 있는 반면 전혀 활용하지 못하는 사람도 있다. 이유가 뭘까? 안타깝게도 기본적인 사색 능력이 떨어지기 때문이다. 이에 니체는 "검색은 단순히 입력한 정보를 찾는 도구"라고 말하며 '무엇을 입력할지', '어디에서 찾을지', '어떻게 찾을지' 이렇게 3가지 사항을 제대로 정해 줘야 검색이라는 지적 도구가 자신의 역할을 최대한 발휘한다고 말했다. 즉 검색에 결정적인 영향을 주는 것이 바로 사색이라고 강조했다. 사색을 하지 않으면 검색도 할수 없다. 무엇을, 어디에서, 어떻게 찾아야 하는지 감을 잡지 못하기 때문이다. 그는 다시 이렇게 비유하며 설명했다.

"요즘에는 치명적인 진실로 인해 죽는 사람은 더 이상 존재하지 않아. 해독제가 너무 많기 때문이야."

"정말 그렇습니다. 다들 확인도 하지 않고 자신이 얻은 정보가 옳다고 주장하고 있으니까요."

"맞아, 그런데 그들을 정말 아는 사람이라고 부를 수 있을까? 나는 그렇게 생각하지 않아. 스스로 제대로 알지 못하고 있다는 사실을 알아야 해. 모른다는 것을 안다는 건 대단한 지적 성장이지.

기적이나 다름없는 일이야."

"맞습니다. 모른다는 것을 알아야 비로소 알기 위한 활동, 즉 검색을 시작할 테니까요."

그러자 그는 공감하며 이렇게 이야기를 정리했다.

"맞아, 그렇지. 처음부터 자신이 제대로 모른다는 사실조차 모르는 사람은 무엇도 찾을 수도 없는 거야. 뭔가 단서가 있어야 찾지. 자신이 생각한 것이 틀렸는지 맞았는지 찾아보는 일도 대단한 거야. 일단 무언가를 스스로 생각했다는 거니까."

정말 그렇다. 무언가를 찾기 위해서 스스로 검색했다는 것은 알고 싶은 것의 절반 정도는 알고 있다는 뜻이다. 그게 바로 사색의 중요성이다. 스스로 생각할 수 있어야 검색을 위한 최소한의 지식과 정보를 자기 안에 담을 수 있다.

그렇다면 효과적인 사색을 위해 필요한 것은 무엇일까?

"일상에서 쉽게 사색을 실천하려면 어떻게 하면 좋을까요?"

강연장에서 내가 가장 자주 받는 질문이다. 이번에는 내가 그에게 물었고, 빠르게 답이 나왔다.

"일상에서 자아(自我)를 펼치고 단련하는 연습이 필요하지."

"왜 그게 사색에 도움이 되는 거죠?"

"세상은 온통 시끄럽지만 자아 속에는 평화와 자유가 있어. 왜 그럴까? 내면을 향한 질문이 가득하기 때문이야."

그가 말하는 질문이란 이를테면 이런 것들이었다. "나의 가치는 어디에 있는가?", "나는 남과 무엇이 다른가?", "내가 추구하면 좋은 인생은 무엇인가?" 이렇게 자아를 펼쳐서 단련하면 더 높은 사색적 능력을 가질 수 있다. 사색적 능력이라는 것은 자기 자신을 볼 줄 아는 자에게만 허락된 특권이기 때문이다. 그의 설명에 내 의견을 섞어 다시 설명하면, 모든 인간의 내면에는 자기만의 가치가 놓여 있다. 그러나 그걸 들어 꺼내는 일은 자아를 가진 사람만이 할 수 있다. 자신을 제대로 들여다볼 수 없는 자들의 눈에는 아무것도 보이지 않아 애초에 불가능한 일이다.

"그러므로 언제나 고민은 적게 하고 바로 시작하게. 물론 모든 것의 시작은 위험하지. 그러나 무언가 시작하지 않으면 아무것도 해결할 수 없다네. 언제나 우리는 고난 속에서 인생의 기쁨을 찾을 수 있고, 풍파 없는 항해는 지루한 일상을 전해줄 뿐이지."

그의 말처럼 언젠간 날고자 한다면 우선 서고, 걷고, 달리고, 오르는 것을 배워야 한다. 누구든 원한다고 바로 날아갈 수는 없다. 그래서 우리는 더욱 끊임없이 자신을 들여다보며 살아야 한다. 사람 보는 눈을 우리는 '안목'이라고 부른다. 마찬가지로 '자아'라는 건 결국 내면을 보는 눈이라고 볼 수 있다. 일상에서 자주 멈춰서 자신을 보라. 자꾸 봐야 볼 줄 아는 눈을 가질 수 있다.

목적을 생각하지 않고
말한 적이 있는가?

니체와 마주하면 한동안 그의 말을 듣고 앉아 있어야 한다. 믿기 힘들겠지만 6시간 동안 가만히 앉아 듣기만 할 때도 있다. 이유는 간단하다. 세상에 존재하는 거의 모든 분야로 이야기가 순식간에 건너가서 자취를 감췄다가 어느새 또 전혀 다른 모습으로 태어나 눈앞에 놓여 있기 때문이다. 혹자는 그런 식의 '대화술'에 대해 비판적인 목소리를 내기도 한다. 분명한 구성이 없고 변주와 확장만 보여 주기 때문이다. 이에 그는 이렇게 항변한다.

"사람들이 나를 자꾸만 오해하는데, 난 생각처럼 그렇게 독단적인 사람이 아니야. 그리고 내 말이 자꾸만 다른 말을 낳는 이유는 연결할 지점이 보이기 때문이지. 하나를 보면 그 하나를 연결할 수많은 지점이 서로 나를 부르는데 어떻게 외면할 수 있겠어. 그래서 나처럼 인문학을 하는 사람들은 기승전결이 어렵지."

다시 한번 생각해 보자. 그의 이야기가 자꾸만 변주와 확장을 꾀하는 이유가 뭘까? 끝이 없기 때문이다. 끝을 생각하지 않고 평생 진행하는 것이 바로 인문학의 본질이다. 어제까지 연결한 지점에서 오늘 다시 시작하고, 다른 지점으로 또 연결해서 변주하는 삶을 사는 것이다. 그래서 그는 매일 같은 공간에서 일상을 보내지만 매일 다른 세상을 만날 수 있다.

물론 분명한 목적을 정하지 않고 시작하는 말하기는 매우 위험하다. 어떤 말이 어떤 순간에 튀어나올지 짐작할 수 없기 때문이다. 하지만 그가 그런 위험을 감수하면서도 말하기에 열정을 쏟아 내는 이유는 그럴 가치가 충분하기 때문이다.

그는 의미심장한 미소를 지으며 잠시 거실로 나가더니, 자신이 쓴 《이 사람을 보라》를 들고 와서 한 부분을 낭독했다.

"나 자신의 때는 아직 오지 않았다. 몇몇 사람은 죽은 후에야 비로소 태어나는 법이기 때문이다. 그리고 머지않아 내가 이해하는 삶과 지혜를 다른 사람들에게 가르치는 기관이 필요하게 될 것이다."

멋진 음성으로 낭독하는 그의 모습을 바라보면서 나는 그가 전한 메시지를 마음에 담으려고 노력했다. 중요한 의미를 담고 있다는 것이 바로 느껴졌기 때문이다. 정적을 깨고 그가 다시 입을 열었다.

"내가 보고 느낀 것은 나만의 것이지. 그래서 다른 사람들은 당장 그걸 이해하거나 품기 힘들어. 그래, 강의와 글쓰기의 차이로 설명하면 이해하기 쉽겠네. 강연 때 실수가 자주 나오는 이유가 뭐라고 생각하나?"

"긴장하거나 준비가 부족해서가 아닐까요?"

"맞아, 하지만 그건 일부의 문제지. 강연 때 실수가 자주 나오는 이유는 나오는 경로가 매우 짧기 때문이야. 머리에서 생각한 것을 바로 입을 통해 전하는 방식이니까. 그러나 글쓰기는 손이라는 전혀 다른 형태로 전달되지. 머리에서 손으로 오는 과정은 생각보다 멀고, 짐작하지 못한 수많은 요인을 만나 영향을 받거나 주게 되기 때문에 시간이 지날수록 점점 완벽에 가깝게 변한다는 장점이 있어. 아직 설익은 것이라도 조금의 기술만 있다면 강의로 전할 수 있지. 물론 실수는 하겠지만. 하지만 글쓰기는 그렇지 않아. 스스로 충분히 이해할 때까지 뜸을 들이는 시간이 필요하지."

강연에서는 그도 글을 쓸 때와는 달리 실언을 할 때가 있다. 사실과 조금 다르게 말할 때도 있고, 사람 이름도 갑자기 생각이 나지 않아 대충 말할 때가 있다. 그러나 그것이 말하기의 매력이다. 비록 팩트가 아니더라도, 수많은 결점이 먼지처럼 묻어 있어도 생생한 목소리를 들을 수 있기 때문이다.

나는 이 부분에서 잠시 생각에 잠겼다가 그에게 이렇게 질문
했다.

"생생하다는 것은 무엇을 의미하는 건가요?"

"좋은 질문이네, 생생하다는 것은 처음에는 전혀 상상도 하지
못한 곳에 도착할 수 있다는 말이지. 그게 바로 목적을 생각하지
않고 말할 때 받을 수 있는 최상의 선물인 거야."

꼭 맞는 말이다. 우리는 일상에서 이런 식의 생각을 자주 한다.
"이번 대화를 통해 반드시 이걸 주장해야지.", "이번에는 꼭 원하는
것을 받아내자." 이런 방식의 목적이 있는 말하기는 금방 티가 난
다. 또한 목적지를 정한 경주이기 때문에 다른 경로로 이동할 수가
없다. 스스로도 새롭지 않다. 물론 그런 방식의 대화가 필요할 때
도 있다. 하지만 지루한 삶에서 벗어나고 싶다면, 그간 만날 수 없
었던 생의 기쁨을 발견하고 싶다면 가끔은 아무런 목적 없이 대화
를 시작해 보는 것도 좋다. 그럴 때 사색도 더욱 깊어질 것이다.

지식이라는 책상을
밟고 올라설 용기가 있는가?

간혹 온라인에서 타인이 설정한 음악 리스트 중 한 곡이 마음에 들어서 친구를 맺고, 그가 설정한 음악들을 기대에 찬 마음으로 감상할 때가 있다. 그러나 그렇게 시작한 음악 감상은 99%의 확률로 두 번째나 세 번째 곡에서 끝난다. 이유는 간단하다. 그들이 올린 곡 중에서 연속으로 마음에 드는 음악이 나올 확률이 그만큼 낮기 때문이다.

개인 성향은 이렇게 일치하기 힘들다. 그런 나의 경험을 이야 기하자 니체는 바로 "그런 의미에서 텔레비전은 대표적으로 평균적인 시각을 만족시키는 매체이지."라며 응수했다. 내가 조금 더 쉽게 설명해 달라고 하자 그는 "모두에게 딱 맞는 것이 아니라 적당히 맞는 것"이라는 설명을 덧붙였다. 그가 정리한 말에 의하면 "한 자리에서 앉아 본다는 것은 달리 말하면 누구에게도 맞지 않는 것"이다. 이 지점을 분명히 기억할 필요가 있다. 아버지와 딸, 어머니와 아들, 할아버지와 할머니 모두를 만족시킬 수 있는 완벽한 콘텐츠는 없다.

"텔레비전은 모두를 평균적으로 만족시키기 위해 나온 것이라, 아무도 완벽하게 만족시키지는 못한다."

그러나 현재 그 힘든 것을 완벽하게 해내는 것이 하나 있다. 바로 유튜브 개인 방송이다. '이걸 대체 누가 보나?'라는 생각이 들 정도로 매우 개인적인 주제로 방송을 하지만 놀랍게도 꽤 높은 인기를 구가하며 팬을 확보하고 있다는 사실을 우리는 경험상 알고 있다. 모두를 평균적으로 만족시키던 과거에서 개개인의 취향과 개성을 만족시킬 수 있는 형태로 변하고 있는 것이다. 현재의 세상을 조금 더 자유롭게 살기 위해 필요한 것이 바로 '과거와의 단절'과 '자기 지식의 추구'이다.

"그런 삶을 살기 위해 가장 중요한 건 용기를 내는 거야. 기념 촬영을 할 때 자네는 웃으면서 사진을 찍나, 아니면 자연스럽게 하고 싶은 표정을 고수하나?"

그가 내게 문득 물었다. 결혼식이나 각종 잔치에 참여할 때 혹은 지인들과 모임을 갖거나 어딘가로 떠날 때면 꼭 맞이하는 순간이 하나 있다. 바로 '기념 촬영'이다. 모두가 함께 서서 웃어야만 촬영은 끝난다. 단 한 사람이라도 웃지 않으면 다시 같은 자리에 서서 사진을 찍어야 한다. 그래서 내게는 사진을 찍는 순간이 늘 곤혹스럽다. 억지로 무언가를 하지 않는 성격이라 웃음 역시 억지로 짓지 않기 때문이다.

순간, 그간 봤던 니체의 사진에서 웃는 모습을 본 적이 없었다는 사실을 알게 된 나는 오히려 그에게 되물었다.

"니체 당신은 사진 촬영을 할 때 난감하지 않으신가요? 다들 웃는데 혼자 웃지 않으면 좀 곤란하니까요."

그러자 그는 특유의 표정으로 "쫄지 마!"라고 답하며 이런 조언을 해 주었다.

"우리는 모두 각자 자신의 삶을 살아야 해. 다시 말해서 용기를 가져야 한다는 거지. 나도 자네처럼 억지로 웃는 게 아주 질색이라 '절대로'라고 할 정도로 억지로 웃지 않거든."

"그럼 사진을 찍는 쪽에서 웃으라고 하거나 주변에서 이상하게 생각하지 않나요?"

"그런 걸 왜 신경을 쓰지? 나는 대신 이렇게 당당하게 답하지. '사람은 높이 올라갈수록, 날 수 없는 사람들에게는 작아 보이는 법이다.' 우리는 자신이 추구하는 이념과 가치를 용감하게 실천하

고 주장하며 살아야 해. 그래야 내 삶이라고 말할 수 있지. 물론 극
소수만이 그렇게 행동할 수 있을 거야. 용기가 아무에게나 주어지
는 덕목은 아니니까."

모든 것을 하나로 통일해야 하는 과거에는 그게 맞았을 수도,
그런 선과 억압이 필요했을 수도 있다. 하지만 적어도 이제는 아
니다. 더 이상 지식은 숭배의 대상이 아니다. 오히려 밟고 올라서
기 위해 쌓은 견고한 책상이다. 책상 앞에 앉아 그 지식을 숭배할
것이 아니라 책상 위로 올라서서 쌓은 지식을 통해 세상을 바라볼
용기를 내야 한다. 모든 지성을 구성하는 지혜는 그 용기에서 시
작한다. 쉽지는 않다. 과거와의 단절에는 늘 상상을 초월하는 용
기가 필요하기 때문이다.

"자네는 권력을 가진 자들에 대해서 어떻게 생각하나? 그들이
행복해 보이나?"

"아, 지금 생각해 보니 그들은 막대한 권력은 가졌지만 이상하
게 행복하게 보이지는 않았습니다. 이유가 뭘까요?"

"간단해. 작은 것을 갖는 대신 가장 큰 것을 잃었기 때문이지.
권력을 쥐는 것은 값비싼 대가를 지불하는 일이야. 권력은 자신
을 가진 사람들을 어리석게 만들기 때문이지."

"아, 정말 그렇네요. 그래서 권력자들의 삶이 행복해 보이지 않

왔던 거군요."

"그렇지. 개인에게서 광기를 찾아보기는 힘들지만 집단, 당파, 민족, 시대 등에는 거의 예외 없이 광기가 존재하지 않나. 광기는 결국 자신이 어리석다는 증거라고 볼 수 있지. 스스로 생각하지 않고 권력을 유지하려는 욕망이 이끄는 대로만 가고 있으니."

우리 삶을 돌아보자. 창의성을 중요하게 생각하지 않았던 과거에는 타인의 생각과 지식을 지우는 것만 허락되었고, 자신의 생각과 느낌을 쓸 자유는 철저하게 봉쇄된 삶을 살았던 셈이다.

그러므로 이제는 더욱 지식이라는 책상에 올라서서 지혜를 구하고 그걸 통해 스스로 지성인으로 거듭날 수 있게 용기를 내야 한다. 지성이 깃든 삶은 배우는 자의 것이 아니라 더 용기를 내는 자만이 가질 수 있는 실천의 영역이다.

시에게
질문해 본 적이 있는가?

　니체와 대화를 지속하면 가장 크게 깨닫는 것이 바로 시간에 대한 개념이다. 철저하게 시간을 관리하며 산다고 자부하는 나 역시도 그의 삶과 비교하면 부족하다는 사실을 인정할 수밖에 없다. 누구나 같은 시간을 보내고 있지만 그가 보내는 시간은 그 밀도와 깊이가 전혀 다르기 때문이다.

　"시간에 대해서 고민하고 있군. 그렇다면 하나 들려주고 싶은 말이 있네. '어느 정도 깊이 고뇌할 수 있는가가 인간의 위치를 결정한다.'라는 말이지. 어떤가? 느껴지는 게 있나?"

　"고뇌, 즉 사색의 가치를 제대로 알려 주는 말이라는 생각입니다."

"아니야, 더 중요한 메시지가 녹아 있지. 고뇌와 사색, 그것들을 깊이 즐기려면 반드시 시간이 필요해. 시간이라는 소중한 자원을 제대로 활용할 수 있어야 사색도 가능하다는 말이지. 곧은 것은 한결같이 우리를 속이려고 한단 말이야. 진리는 하나같이 굽어 있으며, 시간 자체도 둥근 고리라는 사실을 기억하게."

그는 인간을 구성하는 시간을 크게 두 가지로 나눈다. 하나는 '창조의 시간', 나머지 하나는 '소비의 시간'이다. 잘 알고 있겠지만 더 많은 사람이 후자인 소비의 시간에 익숙하다. 소비가 상대적으로 편안하며 동시에 기쁨을 제공해 주기 때문이다. 아무런 생각도 없이 지낼 수 있는 편안한 시간과 지루하지 않게 즐길 수 있는 무언가를 찾는 인간의 속성상 소비가 주는 달콤한 유혹에서 벗어나기 쉽지 않다.

그러나 딱 하나, 정말 좋은 방법이 있다. 이렇게 질문하며 자연을 바라보는 것이다.

"자연은 지금 무엇을 하고 있나?"

그래서 그는 도시 속에서도 늘 자연을 잊지 않고 지켜본다. 무심한 표정으로 주변을 바라보는 것처럼 보이지만 그의 내면에서는 이런 울림이 끊이지 않고 울려 퍼진다.

"자연은 캄캄한 새벽에도 쉬지 않고 끊임없이 움직이며, 그 두

꺼운 시간 속에서도 무언가를 만들고 있어. 주변을 둘러보면 태풍과 장마 등 온갖 어려움을 이겨 내며 열매는 익어 가고 있고, 벌레와 어둠의 고통 속에서 잔디도 자라고 있지. 자연의 세계에서는 포기가 없어. 그들은 지금도 끝없이 무언가를 창조하며 자신만의 시간을 보내고 있으니까."

시선을 밖으로 돌리기만 하면 그 창조의 시간이 얼마나 값진 선물을 우리에게 주고 있는지 알 수 있다. 창조성은 곧 그 사람의 가능성이다.

"자네 책상에 영국 시인이 쓴 멋진 시집이 하나 있더군. 딜런 토머스(Dylan Thomas)의 〈내가 찢는 이 빵은〉이라는 시를 살펴보면 우리는 가능성이 풍부한 세계에서 살고 있다는 것을 깨달을 수 있지. 창조성의 시각에서 번역을 했으니 그 일부를 소개하겠네."

"내가 지금 찢는 이 빵은
본래 사료에서 출발한 것이다.
이국의 나무에서 핀 이 포도주는
그 열매 속으로 파고들었다."

그는 내게 이 시를 들려주며 이런 설명을 덧붙였다.

"만약 당신이 시인처럼 세상을 바라볼 수 있다면, 눈앞에 있는 빵과 포도주를 바라보며 세계를 무대로 살 수 있다. 언제든 떠날 수 있으며 무엇이든 손에 쥘 수 있다."

코로나 사태로 쉽게 나갈 수 없고 만질 수 없는 이 시대에서 그건 매우 귀한 특권이다. 홀로 빵 앞에 앉아 있을 때는 물론 외롭지만, 시인은 손으로 빵을 찢는 순간 원하는 곳으로 여행을 떠날 수 있고 거기에서 무엇이 어떻게 자라고 있는지를 짐작할 수도 있다. 한 번 혹은 두 번 찢으며 만날 수 있는 세계도 무한히 확장한다. 찢는다는 매우 사소한 일상의 행동이 창조의 원천이 되어, 누구도 구현할 수 없는 세계를 스스로 창조할 수 있게 한다.

몸이 아프면 멀리 떠날 수 없다. 건강이 허락하지 않기 때문이다. 그러나 스스로 자신의 세계를 확장할 수 있는 사람은 굳이 떠나지 않아도 원하는 것을 충분히 볼 수 있고, 보이지 않는 것도 짐작할 수 있다. 시인처럼 시에게 질문하며 살고 있기 때문에 가능한 일이다. 그렇게 그는 자신의 눈과 지성으로 만든 창조의 음식을 거대한 지적인 통로로 섭취하면서 몸속에서 모든 것과 한 식구가 된다. 앉아서 세계를 짐작하고 내일을 조망할 수 있는 위치에 오르게 되는 셈이다.

이는 니체에게만 허락된 과식이 아니다. 누구나 자기 삶에서 가능한 일이다. 시에게 질문하라는 것은 곧 자기 일상에 질문하라는 말과 같기 때문이다. 우리가 살아가는 하루는 곧 한 편의 아름다운 시라고 말할 수 있으니까.

어머니의 손은
왜 늘 차가운가?

보통 우리는 니체가 우울한 인생을 살았으며 누군가를 사랑하거나 받은 일도 없다고 생각한다. 그러나 그건 오해라고 응수하며 니체는 이렇게 말한다.

"나는 내 삶을 진실로 사랑했네. 자네는 우리가 왜 자신의 삶을 사랑하는지 알고 있나?"

"소중하니까 그런 게 아닐까요?"

"조금 더 삶의 심연을 들여다보면 다른 게 보이지. 인간은 사는 데 익숙하지 않고, 사랑하는 데 익숙하기 때문이야. 사랑이 더 익숙해서 우리는 자신을 사랑하는 거라네. 나도 물론 그런 점에서 나와 주변 사람들을 진실로 사랑했지."

니체는 어릴 적부터 몸이 좋지 않아서 평생 두통과 복통, 그리고 각종 안질환에 시달렸다. 그러나 중요한 사실은 아팠던 그 순간에도 세상의 사랑을 느끼는 감각만은 무뎌지지 않았다는 것이다.

"나는 평생 사랑을 찾아다녔다네. 이유는 간단해. 완벽한 여성은 완벽한 남성보다 더 높은 유형의 인간이기 때문이야. 더 높은 정신을 보고 느끼기 위해 사랑을 갈구했던 거야. 물론 대부분 실패로 돌아갔지만, 나는 후회하지 않는다네. 사랑을 위해 행해지는 모든 것은 항상 선과 악을 초월해 일어나는 법이니까."

"그렇게 사랑하는 사람을 찾아다니며 그 가치를 느꼈던 결정적인 순간이 혹시 있나요?"

"물론이야. 한겨울에 아팠을 때지. 당시 나는 사랑하는 사람의 온도를 통해 바깥의 상황을 짐작할 수 있었지. 찬바람이 불 때는 차가운 바람을, 뜨거운 열기가 가득한 날에는 온기를 몸 여기저기에 묻히고 내게 왔으니까."

"조금 더 구체적으로 설명해 주실 수 있을까요?"

"음, 자네는 한겨울에 누군가 밖에서 들어와 아파서 누워 있는 이마를 매만지면 가장 먼저 어떤 느낌이 들 것 같은가? 바로 추위야. 바깥의 추위가 그거지. '왜 이렇게 차가워!'라는 생각이 가장 먼저 든다네."

그렇게 우리는 몸에 쫙 퍼지는 냉기를 실감하며, 가장 몸이 아
픈 날, 추위 속에서 더 추운 냉기를 품은 사랑하는 사람의 손가락
에서 뜨거운 사랑을 느낄 수 있는 것이다.

굳이 연인 관계가 아니더라도, 누구나 어렸을 때 어머니를 통해
서 자주 경험한 이야기일 것이다. 우리는 가장 소중한 것들을 나
이가 들어서 혹은 죽음에 임박해서 겨우 깨닫는다. 가족에 대한
사랑 역시 마찬가지다. 사는 내내 우리가 질문해야 할 것은 바로
이것이다.

"나는 나의 가족을 얼마나 사랑하고 있는가?"

주변을 돌아보자. 가난과 어려움, 고통을 견디고 아이들이 잘
성장하는 모습을 보는 기쁨으로 세월을 견뎌낸 부모들이 결국에
는 양로원으로 가는 경우가 적지 않다. 참 슬프고 잔인한 일이다.
그런데 놀랍게도 양로원에 가서 보면 자기 자식을 나쁘게 말하는
부모는 거의 없다는 사실을 알게 된다. 아, 그 풍경을 어떤 언어로
표현해야 부모의 아픈 마음을 모두 담아낼 수 있을까! 그들에게
는 저마다 멋지고 자랑스러운 자식들이다. 부모 입장에서는 힘들
게 키웠는데 이렇게 되었으니 패씸할 법도 한데 남들 앞에서는 또
그렇지 않은 것이다. 자주 찾아오지 않아도 "우리 자식들이 일이
많아서 정말 바빠, 얼마나 좋은 회사에서 일하는지 알아?"라고 말

하며 오히려 오지 않는 자식을 자랑한다. 그러고는 '뭐 더 자랑할 게 없을까?'라는 고민을 하며 활짝 웃는다. 부모는 자식이 찾아오지 않아도 언제나 함께 있다. 늘 생각하고 또 생각하니까. 그 옛날 아이들이 걷고 뛰어가던 오래전 행복했던 순간을 기억하며 말이다. 자식이 아무리 부모를 박대하며 모질게 밀어내도 부모는 그런 자식을 더 끌어안지 못해서 그게 언제나 안타깝다. 인간이 되고 싶다면 그 마음을 먼저 깨달아야 한다.

지나간 날을 회상하던 그가 문득 내게 "사랑을 발견하고 기억하려면 '증명'이라는 단어를 빼고 생각하는 게 좋아."라고 말했다.

"왜 증명이라는 단어를 빼야 하나요?"

그러자 그는 다시 사랑했던 과거의 기억으로 돌아가 그 이유를 설명했다.

"내가 아팠을 때 내가 사랑했던 그녀도 자신의 사랑을 말로 증명하지 않았지. 겨울날 추위보다 더 차가운 손가락으로 직접 보여 준 것처럼 진실한 사랑은 증명하거나 증명을 요구하는 게 아닌 거야."

지혜로운 답이다. 사랑한다는 것은 그대로 믿는 것이고 의심하지 않는 거니까. 마찬가지로 늘 어머니의 손이 차가웠다는 것은 늘 자식을 사랑했다는 뜻이다. 우리 각자 자신의 지나간 날을 회상해 보자. 누가 보이는가? 늘 차가웠던 어머니의 손, 늘 외로웠던 아버지의 눈, 그것들이 결코 불행을 상징하는 것은 아니다. 사랑해서 많이 외롭고 힘들었지만, 사랑했기 때문에 그날들을 견딜 수 있었다. 사색을 통해 더 소중한 가치를 발견하며 살 수 있다면 우리의 인생은 더욱 풍요롭게 바뀔 것이다. 변화가 쉽지 않다면 니체가 자신의 묘비명으로 남긴 이 글을 읽어 보라.

"이제 나는 명령한다.
차라투스트라를 버리고,
그대 자신을 발견할 것을."

아프고 힘들고 고통스러운 마음을
잠재울 수 있는가

레프 톨스토이 Lev Nikolayevich Tolstoy

내장이 없는 욕망이 이끄는 삶은
무엇이 다른가?

"자네에게 다 주고 갈게."

"저는 이미 모든 것을 다 받았습니다."

수천 명이 모인 강연장에서 마지막 강연을 앞두고 강연자들이 이동하는 통로에서 꿈속 톨스토이와 나눈 대화다. 워낙 타인의 부축을 받는 걸 좋아하지 않아서 잠시 고민했지만, 용기를 내서 그의 손과 허리를 붙잡고 부축하기 시작했다.

"괜찮아, 이럴 필요 없어."

말로는 거부했지만 몸은 조금씩 내게 기대어 걷고 있었다. 그때 나온 말이다.

"자네에게 다 주고 갈게."

순간 조명이 햇살처럼 우리 두 사람을 비쳤고 나는 마지막으로 이렇게 답했다.

"저는 이미 모든 것을 다 받았습니다."

그는 마지막 강연을 위해 강연장 위에 서 있었고, 나는 눈물을 흘리며 그를 바라보았다. 아무 말도 하지 않았지만 모든 말을 다 들은 것 같았다. 이제는 20년도 더 지난, 삶의 길이 보이지 않았던 그날 "내가 이해하는 모든 것은 내가 사랑하기 때문에 이해한다."라고 외치던, 그의 황소처럼 당당한 모습이 떠올랐다. 평생 들은 말 중에서 가장 근사한 말이었다. 사랑해서 이해할 수 있다는 그 짧은 말속에는 정말 수많은 의미가 담겨 있었으니까. 그의 강연은 이런 말로 끝이 났다.

"우리가 착각하고 있는 게 하나 있지요. 좋은 인생에 대한 착각이 바로 그것입니다. 좋은 일을 하려고 노력하기보다는, 오히려 좋은 인간이 되도록 노력해야 합니다. 그게 순리에 맞죠. 억지로 빛을 내려고 수를 쓰기보다는, 실제로 깨끗한 인간이 되도록 노력해야 합니다. 인간의 영혼은 유리그릇과 같기 때문입니다. 인간은 내면에 깃든 그릇을 더럽힐 수도, 더 깨끗이 빛나게 할 수도 있습니다."

그렇게 새벽녘에 나는 잠에서 깨어났고, 늘 그렇듯 아무 말도 없이 사색하며 글을 썼다. 어떤 일이 생겨도 지난 30년 가까이 반복하는 이 루틴을 소중하게 생각하는 이유는 간단하다.

'누가 알아 주지 않아도 내가 나를 보고 있으니까. 당신이 내게 가르쳐 준 모든 것이, 좋은 일을 꾸준히 반복해서 하라는 바로 이 마음이니까.'

이 책을 쓰는 이유 역시 거기에 있다. 금전적인 보상을 생각했다면 20년이나 책을 구상하고 내 상상 속의 멘토들을 만나 나눈 수많은 대화를 글로 남기지 않았을 것이다. 목적은 오직 하나, 그들에게 받은 선물을 그의 이야기가 필요한 다른 사람들에게 전하는 삶을 살아야겠다는 것이다. 욕망은 욕망이지만 개인적 이익을 모두 지운 욕망인 것이다. 그걸 과연 뭐라고 불러야 하는 걸까?

실제보다 생생한 꿈을 꾼 후에 비로소 나는 그 실체가 무엇인지 알게 되었다. 그가 쓴 글을 30년 동안 선물처럼 읽고 20년 넘게 만나며 함께 대화를 나누고 사색했던 내가 바라본 톨스토이의 삶을 짧게 압축한다면 감히 이렇게 말할 수 있다.

'내장이 없는 욕망을 품고 살아가는 지성'

그는 실제로 자신을 이렇게 소개한 적이 있다.

"글을 쓰고 강의를 하며 내가 추구했던 것들과 하나하나 만든 콘텐츠는 순수한 욕망에서 나온 것이었다. 그걸 나는 '내장이 없는 욕망'이라고 표현하고 싶다. 나는 그저 현재의 삶에 온 힘을 기울이고 있을 뿐이다. 모두가 세상을 변화시키려고 생각하지만, 정작 스스로 변하겠다고 생각하는 사람은 없다. 나는 후자가 되고 싶을 뿐이다."

그가 쓰는 말이 대부분 그렇지만 처음 듣는 표현이라 자세한 설명을 요청했더니 그간의 답답한 마음이 녹아 있는 답이 나왔다.

"나를 어떻게든 비난하려는 사람들에게 내가 이룬 상업적인 성공은 좋은 먹이 역할을 하지. 내가 쓴 책이 잘 팔린다는 이유로, 내가 가진 욕망을 순수한 것이 아니라고 생각하니까 말이야. 그런 생각은 이내 이런 비난으로 이어지지. '네가 뭘 그렇게 많이 안다고 자꾸 글을 쓰냐', '얼마나 안다고 여기저기에 강연을 하고 다니냐'. 하지만 견뎌야지. 글을 쓰고 자신의 생각을 말하고 다니는 사람들에게 그런 비난은 피할 수 없는 숙명이니까. 그래서 다시 나는 '내장이 없는 욕망'을 갖고 살았음을 말하고 싶은 거야."

정확한 표현이다. 분명 욕망은 욕망이었지만 이익만을 위해 무언가를 하거나, 이기기 위해 누군가에게 달콤한 이야기를 하거나, 더 높은 자리에 오르기 위해 억지로 줄을 선 삶은 아니었다. 사색과 창조 그리고 글쓰기가 곧 톨스토이인 진실한 삶을 살았기 때문이다. 이 가르침이 중요한 이유는 이 흔들리는 세상에서 균형을 잡고 살아갈 수 있는 가장 지혜로운 방법이 담겨 있어서다. 내장이 없어 다른 것을 취하지 않고도 무언가를 이룰 수 있는 삶, 그는 세상이 말하는 모든 유혹에서 자유로울 수 있다. 아프고 힘든 마음을 잠재울 수 있다는 말이다.

"자네 공자를 알지? 나와 다른 공간에서 전혀 다른 시대를 살았던 사람이지만, 그가 했던 말 중에 내가 좋아하는 부분이 있어. '知之者 不如好之者 好之者 不如樂之者(지지자 불여호지자 호지자 불여낙지자)'."

"저도 정말 좋아하는 말인데, 어떤 부분이 당신의 마음을 사로잡은 건가요?"

"그래? '아는 사람은 좋아하는 사람만 못하고, 좋아하는 사람은 즐기는 자만 못한다.'라는 말을 공자가 말했다는 사실 자체가 획기적인 하나의 사건이라 생각해서 그렇지. 정말 멋진 말이야."

공자의 말에 의거해 톨스토이가 생각하는 최고의 지성인은 이렇다.

"내가 술을 마셔야지, 반대로 술이 나를 마시면 안 된다. 진실로 술을 즐기는 자는 시끄럽게 떠드는 분위기에서, 수많은 사람 사이에서 마시는 사람이 아닌 혼자만의 공간에서도 즐기는 사람을 말하는 것이다. 무언가를 즐긴다는 것은 서로 교감하고 서로 좋아하

는 거니까. 술이 나를 이기지도 않고 반대로 내가 술을 이기지도
않는다."

결국 다시 내장이 없는 욕망으로 돌아왔다. 서로의 경계를 인
정하며 아무도 이기지 않는 삶. 매우 오묘한 말이지만, 결국 이렇
게 즐기는 단계에 이르러야 삶의 균형을 잡은 군자가 되고 지성인
이 될 수 있다. 재미있는 사실은 공자의 이 말은 좋아하지만 그는
술을 즐기지 않는다는 것이다. 모두가 공감할 수 있는 예를 들고
싶었을 뿐이다.

깊이 깨달은 자에게는 모든 것이 보이는 법이다. 지금 슬픔과
고통이 당신을 아프게 하고 있다면 그가 말하는 욕망이 아닌 순수
한 마음이 이끄는 즐기는 삶을 추구해 보자. 그런 과정을 통해 우
리는 내면을 더욱 강하게 단련할 수 있다. 아무나 마음대로 흔들
수 없는 나를 만들 수 있다.

쓰레기가 가득한 호주머니를
왜 비우지 않는가?

삶의 균형은 언제 쉽게 무너지는 걸까? 일이 잘되지 않을 때도 그렇지만 잘될 때 가장 위험하다. 유명세를 탄다는 것은 곧 비난의 화살이 쏟아질 것이라는 신호와도 같기 때문이다. 톨스토이 역시도 그 화살을 피할 수 없었다.

"내 삶 자체도 결코 순탄했다고 말할 수는 없지. 평생 내 주위에는 나를 욕하고 무작정 비난하는 사람이 마치 파도처럼 끝없이 나타났으니 말이야."

경험으로 조금이나마 그 말에 공감할 수 있었던 나는 "그 마음이 어떠셨나요?"라고 물었다.

"이를테면 온갖 따뜻한 언어가 가득한 공간과 거울처럼 냉혹한 언어만 가득한 공간 사이를 뚫고 살아왔지. 실제로 러시아 작가 아이삭 바벨(Isaac Babel)은 '만일 세상이 스스로 글을 쓸 수 있다면, 톨스토이처럼 쓸 것이다.'라며 나를 치켜세웠고, 영국의 작가 버지니아 울프(Virginia Woolf) 역시 '모든 소설가들 중에서 톨스토이가 가장 훌륭하다.'라고 말했지. 하지만 반대로 나의 사생활과 과거를 들먹이며 비판하는 사람도 참 많았어."

그는 당시에는 웃어넘기기 힘든 불행처럼 느껴졌지만, 세월이 아주 많이 지나 다시 생각하니 그저 하나의 에피소드에 불과했다며 살짝 미소까지 지으며 말했다.

"난 굳이 사람들을 미워하지 않아. 내게 따뜻한 언어를 선물하는 사람과 차가운 언어만 전하는 사람은 서로 다르지 않다는 사실을 알고 있기 때문이야. 박수를 치던 사람이 갑자기 달걀을 던질 수도 있고, 반대로 달걀을 던지며 야유를 보내던 사람이 일어서서 뜨겁게 박수를 보낼 수도 있는 거니까. 언제든 변하고 바뀔 수 있다는 사실을 인정하면 마음이 편안해지지. 세상에 좋기만 한 건 별로 없어, 나를 위해 가장 내게 좋은 것만을 바라보며 살아가는 거지."

세상에서 일어나는 일이 늘 그렇듯 극과 극은 하나로 연결된다. 다시 말해서 특별히 신경을 쓸 필요가 없다는 의미다. 또한 그런 사태를 계기로 극과 극, 그 사이에 있는 사람들이 진정으로 나를 아끼는 사람들일 가능성이 높다는 깨달음도 얻을 수 있다. 굳이 나서서 좋은 마음을 표현하지도 않고, 어떤 보상도 바라지 않지만 늘 그 공간을 지키는 사람들이 진실로 나를 아끼고 사랑하는 사람일 가능성이 높다. 사랑하지 않는다면 자신을 드러내지 않고 그렇게 오랫동안 응원과 관심을 줄 수 없기 때문이다. 고요한 상태에서 가장 오랫동안 움직이지 않고 나를 한결같이 지켜봐 주는 사람이 가장 귀하다. 그렇게 생각하며 세상과 사람을 바라보면 마음이 조금은 고요해진다.

"어느 날, 길을 걷고 있는데 남루한 차림의 거지가 길을 막으며 자선을 요구했어. 난 당황했지만, 이내 그를 돕고 싶은 마음에 주머니를 뒤져 돈을 찾았으나 돈이 없었어."

"그래서 어떻게 하셨나요?"

"방법이 있나? 그저 최대한 미안한 표정을 지으며 '형제여! 내겐 돈이 한 푼도 없소.'라고 말했지. 그런데 놀라운 일이 일어났다네. 내 말을 들은 거지가 나보다 허리를 더 구부리며 이렇게 말하는 거야."

"선생님, 당신이 누구신지는 모르겠으나 선생님은 돈 이상의 가치를 저에게 주셨습니다. 그것은 저를 '형제'라고 부른 것입니다."

톨스토이는 당시의 순간을 회상하며 이렇게 속삭였다.

"그때 거지와 만난 후 진정으로 변한 것은 거지가 아니라, 바로 나 자신이었다네. 좋은 것을 주면 더 좋은 것을 얻게 되지. 그게 바로 사람만이 누릴 수 있는 가치라네."

하지만 지금도 수많은 순수한 사람이 악취로 가득한 사람들의 비난과 조롱을 떨쳐 내지 못하고 안고 살아간다. 이유가 뭘까? 생각의 부재에서 비롯되었을 가능성이 높다. 그걸 그는 이렇게 표현했다.

"어리석게도 황혼을 새벽으로 착각하고 새벽을 황혼으로 착각하는, 그런 혼란스러운 시대에 다시 우리가 빠져들고 있지."

이유는 간단하다. 타인이 만든 이념에 구속된 삶을 살기 때문이다. 오래된 이념과 결별해야 한다. 그것은 누군가 자신의 이득을 위해 만든 것이기 때문이다. 자신의 머리로 생각해야 한다. 그렇게 자기만의 이념을 만들어 그걸 세상을 무대로 펼치면 된다. 타인에 의해 삶의 순서가 바뀌면 자기 인생은 사라진다. 왜 군이 자기 스스로 만든 감옥에 자신을 밀어 넣는가.

그가 늘 강조하는 말이다. 자기 머리로 생각해야 자기 삶을 지킬 수 있다. 질문을 멈추지 말라. "저 사람은 왜 이런 가치를 외치는 걸까?", "그는 왜 나를 비난하는 걸까?" 하나도 허투루 넘기지 말고 자신의 생각으로 이유를 찾고 상황을 이겨 낼 지혜를 추출해야 한다. 누군가 만든 정보와 가짜 지식이 당신의 머리에 침투하기 위해 호시탐탐 노리고 있으니까. 이 혼란한 세상에서 나를 지킨다는 것이 그래서 참 힘든 거다. 한참을 고민하던 그는 평화로운 얼굴로 다시 이렇게 조언했다.

"왜 사람들은 자기 호주머니 속에 든 돈만 지키려고 하는 걸까? 이유는 간단해. 자기 뇌를 소매치기하는 보이지 않는 손에는 너무 둔감한 거야. 그래서 '당신이 곁에 오는 것이 싫으니 다른 곳으로 당장 꺼지라'고 외쳐야 할 때를 자꾸만 놓치는 거지."

상상이 잘 되지 않는다면 이렇게 생각해 보자. 누군가 자꾸만 당신의 호주머니에 쓰레기를 넣어 준다면 당신은 뭐라고 말할 것인가? 가만히 있는 사람은 아마 없을 것이다. 무시를 당하는 불쾌한 감정을 느끼게 되기 때문이다. 그런데 우리 머리가 그런 취급을 받고 있다. 무언가를 열광적으로 옹호하고 지지하는 것도 물론 소중한 일이다. 그러나 그 안에 나만의 생각이 없다면 아무리 열광적으로 뛰어도 그 시간은 자기만의 것으로 남지 않는다. 자신을 가장 잘 아는 사람은 바로 자기 자신 한 사람뿐이다. 그러므로 생각을 멈추지 말자. 그게 바로 타인이 넣어 준 쓰레기를 정기적으로 비우고 자신만의 것을 채울 수 있는 가장 지혜로운 방법이다.

삶의 여유를 찾는
당신만의 방법이 있는가?

"지금 힘든 일을 겪는 사람에게 무엇이 가장 필요할까요?"라고 물으면 많은 사람이 "당장 고기를 잡아 주는 삶에서 벗어나 고기 잡는 방법을 알려 줘야 한다."고 답한다. 물론 맞는 말이다. 그러나 살다 보면 진리가 진리로 통하지 않을 때가 있다. 그 좋은 말이 한낱 구호로만 끝나는 이유는 당장 굶은 상태에서 고기 잡는 방법을 배우는 것은 사치이자 더 큰 고통이기 때문이다. 굶어서 당장 죽을 것 같은 사람에게 필요한 것은 돈을 버는 기술이 아니라 입에 넣을 음식이다. 예를 들어 당신이 지금 물에 빠졌다고 치자. 수영하는 법을 배우겠는가, "당장 구명대를 던져라!"라고 외치겠는가? 선택지는 자명하고 이유도 간단하다. 살아야 훗날을 기약할 수 있기 때문이다. 인생도 마찬가지다. 당장 죽고 사는 위기에서 벗어나야 구명대를 던지고 수영하는 방법을 배울 '여유'를 가질 수 있다. 그렇다. 우리는 '몰라서 못하는 것'이 아니라 여유를 '찾지 못해서' 못하는 거다.

톨스토이는 사는 내내 매일 바쁜 일정을 보냈다. 매일 거의 같은 시간에 일어나 사색을 하고 글을 쓰며 강연을 나가고 대담을 나눈다. 그런 그가 시간에 쫓기지 않고 오히려 시간을 주도하며 살아갈 수 있는 비결은 대체 어디에 있는 걸까?

"바로, 여유를 찾는 거야. 그게 나만의 비결이지. 사실 나도 젊은 시절에는 지금처럼 여유를 찾지 못했었지. 부끄럽지만 젊은 시절의 나는 이상주의자인 동시에 쾌락주의자였어. 쾌락의 신은 매일 내게 처절한 환멸과 고통을 선물했지. 정말 그때는 내가 너무나 비참했어."

"그 힘든 시간을 어떻게 이겨내셨나요?"

"앞에 잠깐 말했지만, 나는 나를 잠식하며 파괴하는 쾌락에게서 벗어나기 위해 의식적으로 여유를 찾으려고 노력했다네."

짧지만 강렬하다. 이유는 '찾다'라는 표현에 있다. 내가 앞선 문장에서 '찾다'라는 표현을 강조한 이유도 바로 여기에 있다. 삶의 여유는 실제로 기준을 정한 후에 주어지는 것이 아니라 스스로 결정해서 찾는 것이기 때문이다. 여유를 찾지 못하면 그 사람은 죽는 날까지 사는 것만 걱정하게 된다. '걱정하며 살아지는 삶' 그리고 '사색하며 더해지는 삶', 당신은 무엇을 원하는가? 능력이 아니라 선택의 문제다. 여유를 찾으면 뭐든 잘 해낼 수 있다.

"하나 조언한다면, '해야 할 것을 하라.'고 말하고 싶네. 일상에서 이루어지는 모든 것은 타인의 행복을 위해서, 동시에 자신의 행복을 위해서 한다고 생각하면 좋지. 그 이유가 뭔지 알고 있나?"

"글쎄요, 모두에게 좋은 것이 자신에게도 좋은 것이라서인가요?"

"그것도 좋은 말이야. 하지만 본질은 그게 아니지. 나는 행복이라는 단어를 이렇게 정의하네. '행복은 인간을 이기주의자로 만든다.' 행복을 추구하면 결국 자신을 위해 살게 되고, 헛된 욕망과 쾌락은 자신을 위한 것이 아니라는 사실을 깨닫게 되지. 그렇게 자연스럽게 좋은 것을 추구하며 살게 되는 거야."

"당신은 자신의 행복을 위해 사는가?"라는 질문은 그런 삶을 살 수 있게 도와준다. 삶이 그를 흔들었지만 그럼에도 그가 여전히 자신의 생명을 태워 무언가를 창조하는 나날을 보낼 수 있었던 것도, 자신에게 좋은 것만 주려는 마음이 있어서였다. 오랫동안 그의 삶과 생각을 사색하며 내가 쓴 시를 한 편 소개한다. 아래 시를 고요한 마음으로 읽으면 그 길이 어떤 곳인지 깨닫게 될 것이다.

여유를 잃으면

일상도 잃게 된다.

그러나 여유는 마음처럼

쉽게 가질 수 있는 것이 아니다.

된다는 상상만으로

되는 게 아니라 어렵다.

"이제 여유를 갖고 살자!"

당신이 아무리 크게 외쳐도

그 여유는 소리가 사라지면서

동시에 먼지처럼 흩어진다.

여유는 한낱 구호로

가질 수 있는 것이 아니다.

지금 잘하고 있거나

잘할 가능성이 있거나

내일이 기대되는 경우에만

자연스러운 여유가

흘러나올 수 있기 때문이다.

누군가를 돕고 싶다면

먼저 돌아볼 여유가 있어야 하고,

돌아볼 여유를 갖기 위해서는

자신에게 주어진 일을 잘해야 한다.

세상을 돕고 싶다면

먼저 자신의 일을 도와라.

세상에서 가장 선한 열정은

돕고 싶은 사람을 대하듯

자신을 대할 때 시작한다.

나는 내 일상을
장악하고 있는가?

풀리지 않는 문제를 해결하기 위해 사색에 잠겨서 그와 상상의
대화를 나누던 중, 문득 이런 질문이 날아왔다.

"자네의 하루는 자네의 것인가?"

"제 삶을 주도적으로 살고 있냐는 말씀이군요. 저는 그렇게 생
각하고 있습니다. 나름대로 살아가는 원칙이 있으니까요."

"멋지네, 좋아. 인생의 목적과 그것을 성취하는 방법을 깨닫는
것이 바로 지혜라고 볼 수 있지. 단순히 암기해서 얻은 지식은 지
식이 아니라, 치열하게 노력해서 얻은 지식만이 그 사람을 위한 진
정한 지식인데, 그게 잘되지 않는 사람이 참 많은 게 문제야."

그러면서 그는 매우 흥미로운 이야기를 하나 들려주었다.

주인의 말을 아주 잘 듣는 충실한 노예가 있었다. 뭐든 시키는 일을 누구보다 잘하는 사람이었는데 하루는 이런 일이 있었다. 감자를 수확할 시기가 다가와서 주인은 노예에게 "오늘은 감자를 다 캐서 쌓아 놔."라고 명령했고 노예는 평소처럼 빠릿빠릿하게 일을 해냈다. 제법 많은 구덩이에 있던 감자를 모두 상처 하나 없이 캐서 쌓은 것이다.

"역시, 잘했네."

만족한 주인은 다시 이런 명령을 내렸다.

"이번에는 구덩이 두 개를 파고 네가 판단해서 큰 감자는 여기에 놓고 작은 감자는 여기에 놔."

주인은 명령만 내리고 다시 볼일을 처리하기 위해 떠났다. 어느덧 해가 졌다. 그런데 충실한 노예가 어쩐 일인지 집에 돌아오지 않는 것이다. 이를 이상하게 여긴 주인이 밭에 가 보니 노예가 구덩이만 파 놓고 옆에서 울고 있었다.

여기까지 이야기를 하던 그가 갑자기 이야기를 끊고 내게 물었다.

"이유가 뭐라고 생각해? 노예는 왜 일을 하지 않았던 걸까?"

그렇게 시키는 일을 잘 해내던 노예가 갑자기 일을 하지 않고 울기만 하는 이유는 뭘까? 이상하게 생각한 주인이 그 이유를 묻자 노예는 예상하지 못한 답을 내놨다.

"주인님, 다른 건 다 할 수 있습니다. 그런데 큰 감자는 여기에 넣고 작은 감자는 저기에 넣는 그것만은 못하겠습니다."

못하겠다는 말보다 그 이유를 설명한 노예의 말이 더욱 충격적이었다.

"감자를 잡을 때마다 이게 큰 감자일까, 작은 감자일까를 결정한다는 게 너무너무 힘들어요. 주인님께서 대신 결정해 주시면 정말 쉽게 할 수 있는데, 저는 도저히 못하겠습니다."

바로 이게 노예의 대표적인 태도다. 아무리 열심히 일을 해도 자신에게 하나도 쌓이지 않는다. 스스로 생각하고 계획해서 자신에게 명령한 일이 아니기 때문이다.

생전에 시민들을 위한 교육에도 관심을 가졌었던 그는, 교실에서도 같은 일이 벌어지고 있다는 이야기를 전하며, 세상을 향해 이렇게 묻는다.

"아이들의 생각을 말살하고 말만 잘 듣는 사람으로 만드는 교육을 시키고 있는 것이 아니라고 확신할 수 있는가?"

"암기한 것만 알고, 시킨 것만 하는 삶이 기계와 무엇이 다른가? 그 삶이 아름다운가? 인간의 가치가 거기에 있다고 생각하는가?"

다소 흥분했던 그가 마음을 가다듬고 의자에 앉더니 이런 조언을 전했다.

"길을 걸어가려면 자신이 어디로 향하는지를 알아야 하는 거야. 합리적이고 선량한 생활을 영위하려는 경우도 마찬가지. 자신과 타인의 생활을 어디로 이끌어 가고 있는지 알아야 비로소 한 사람의 지성인으로 태어날 수 있다네."

이 부분에서 그의 음성은 조금 격앙되어 있었다.

"스스로 생각해서 판단할 줄 모르고 자신이 작은 것 하나도 결정하지 못하니, 음식점에 가서도 자신이 무엇을 먹고 싶은지도 몰라서 '뭐 먹을까요?'라고 묻잖아. 그게 뭐야. 하루 세 끼 먹는 식사 하나도 스스로 장악할 수 없다면, 그 사람의 일상 중에서 '이건 나의 생각에서 나온 결정이야.'라고 말할 수 있는 게 과연 얼마나 될까?"

그런 비극적인 삶에서 벗어나려면 삶을 대하는 질문을 먼저 바꿔야 한다. 인터넷이 발달하면서 우리가 겪는 고통이 하나 있다. 바로 근거 없이 만들어진 뜬소문이 사방으로 날아가며 서로를 못 살게 만드는 것이다. 어떤 사람들은 '그 정보를 신뢰할 수 있는가?'라는 질문에 앞서 '이 정보로 저 사람을 어떻게 괴롭힐 수 있을까?'라는 질문을 먼저 꺼낸다. 질문의 방향이 다르니 도착지도 역시 다르다. 정보화 시대에서 자주 일어나는 일이다. 누군가 나보다 잘나가는 모습을 보면 절로 질투가 나고, 어떻게든 끌어내리고 싶은 것은 인간의 마음이기 때문이다.

"정말 중요한 건 모든 사람에게 인정을 받고 좋은 사람으로 남고 싶다는 헛된 욕망을 버리는 거야. 거기에서 주도적인 삶은 시작하지. 다른 사람들과 무리 지어 있을 때는 홀로 생각해야 한다는 사실을 명심하고, 홀로 생각에 잠겨 있을 때는 다른 사람들과 의견을 나누어야 한다는 사실을 기억해야 하지."

"그게 사실 쉬운 일은 아니잖아요. 결국 우리는 주변 사람들의 평가를 받고 각종 평판 속에서 살고 있으니까요."

"맞아, 그런데 그거 정말 웃기는 이야기지. 만약 우리가 세상을 떠난 이후 얼마나 사람들 기억에서 빠르게 잊히는지를 미리 볼 수 있다면, 모든 사람의 기억에 좋은 사람으로 남기 위해 분투하는 시간을 가장 먼저 줄이게 될 거야. 살아 있을 때 자신에게 좀 더 잘해주고, 내면에 더 가까이 다가갈 필요가 있다는 거야. 그게 진짜 삶이지. 하루라도 빨리 그 사실을 깨닫는 게 중요해."

그는 일상을 주도하며 장악하는 삶을 살고 싶다면 이런 질문이 필요하다고 강조했다. "앞으로 어떻게 될까요?"라는 수동적 질문이 아니라 "앞으로 내가 어떻게 하면 좋을까?"라는 능동적 질문이다. 이는 다양한 분야에서 변주하여 쓸 수 있다. "앞으로 어떤 책을 써야 할 것인가?", "인공지능과의 승부에서 이기기 위해 내게 필요한 것은 무엇인가?", "1년 후 원하는 모습으로 살기 위해 나는 무엇을 해야 하나?" 상황을 예측하는 것은 그다지 중요하지 않다. 핵심은 자신이 설정한 그 모습으로 살기 위해 실천 사항을 정하고 차근차근 이뤄 나가는 일상이다. 실천이 곧 기적이다.

당신은 어제
무엇을 버렸는가?

하루는 그와 '버리지 못하는 삶'에 대한 이야기를 나눈 적이 있다. 당시 나는 무엇 하나 쉽게 버리지 못하는 내 삶의 태도에 대한 고백을 했는데, 그의 반응이 매우 놀라웠다. 번뜩이는 눈으로 그는 내게 "자네, 대학 때 전공이 뭐였지?"라고 물었고, 내가 "물리를 전공했습니다."라고 답하자 바로 이렇게 상황을 명쾌하게 정리한 것이다.

"물리는 이과 계열이지. 그럼 자네는 문과를 버린 거라네."

매우 짧은 한마디였지만 버리는 삶에 대한 그의 정의가 뇌리에 깊이 박혔다. 그래, 맞는 말이다. 하나를 선택했다는 것은 다른 하나를 버렸다는 사실을 의미한다. 하나를 버렸기에 다른 하나를 선택할 수 있었던 것이니, 선택은 곧 버리는 일인 셈이다. 버리지 못하면 선택도 할 수 없다. 우리는 그간 스스로 버리지 못한다고 생각했지만 매일 쉽게 무언가를 버리며 살았던 거다. 순간 이동을 할 수 있는 사람도 결코 두 길을 동시에 걸어갈 수는 없다.

"버리지 못한다면 앞으로 나갈 수가 없지. 버리지 못한 그것들이 내면에 헛된 욕망으로 채워질 뿐이니까."

"버리는 삶을 살면 뭐가 좋아지나요?"

"내 글이 그걸 증명하고 있지 않나! 영국의 시인이자 비평가인 매튜 아놀드(Matthew Arnold)가 나를 두고 이런 평가를 했더군. '톨스토이의 작품은 예술 작품이 아니라 삶의 파편이다.' 나를 매우 잘 파악한 생각이야. 나는 보고 듣고 느낀 것을 조금씩 버리며 살기 때문에, 의식에 대한 지극히 작은 변화들도 섬세하게 관찰할 수 있지. 신체의 작은 움직임들도 마찬가지로 하나하나 나눠서 일련의 무한히 작은 단계로 구분하고 흡수해서 나만의 창조물을 만들 수 있는 거고."

다시 강조하지만 우리는 스스로 '버린 것이 하나도 없다.'고 착각한다. 그 착각이 우리를 나아지지 못하게 만들고, 그런 삶이 반복되면 후회만 쌓이게 된다. 버리지 않으면 앞으로 나아갈 수 없다. 반대로 말하면 자신이 매일 무엇을 버렸는지 알 수 있다면, 앞으로 나아갈 수 있다는 희망을 가질 수 있다. 여기 지금 이 책 앞에 서 있는 당신 역시도 다른 무언가를 버리지 않고서는 이 책 앞에 서지 못했을 것이다.

만남과 인연을 유지하는 것도 하나의 선택이자 끝없는 버리기의 연속이다. 만남은 인연이고 좋은 관계로 발전시키는 것은 노력이지만, 또 하나 가장 중요한 것이 있다. 만남이라는 인연을 맺었지만 잘 맞지 않아 관계를 끊어야 할 때, 냉정하게 판단할 용기가 필요하다는 게 바로 그것이다. 주어진 모든 만남을 인연으로 맺을 수는 없다. 끊어야 할 인연을 냉정하게 끊을 용기를 내야 좋은 인연에 더 노력을 쏟을 수 있다.

"이 말을 꼭 기억하는 게 좋다네. '진정한 사랑은 말에 있지 않고 행동에 있으며, 그런 사랑만이 우리에게 진정한 지혜를 준다.' 이 말이 무엇을 의미한다고 생각하나?"

"우리는 사랑을 통해 무언가를 배울 수 있다는 조언 아닐까요?"

"맞아, 내가 조금 더 섬세하게 표현하자면 이렇지. '시간은 한순간도 쉬지 않고 영원히 흐른다. 그대여, 이마에 땀을 흘리며 그날의 빵을 구하라.' 바로 이거야!"

"아, 어제 얻은 것들에 연연하지 않고 오늘 다시 지혜를 추구해야 한다는 말씀이네요. 그런 삶을 살기 위해서 필요한 게 뭘까요?"

"높은 의식 수준이 필요하지. 의식 수준이 높아지면 저절로 이뤄지는 일이니까."

그렇다. 의식 수준이 평균 이상으로 올라오지 않은 사람들은 선택만 하지, 잘 버리지는 못한다. 버리기 위해서는 '무엇이 필요한가?', '지금 무엇을 해야 하는가?'라는 질문에 답할 수 있어야 한다. 그래서 버리고 떼어 낸다는 것은 성장을 의미한다. 자각하지 못했지만 우리는 어릴 때부터 일상에서 무언가를 끊으며 성장을 반복했다. 그는 매우 선명한 표현과 묘사로 이렇게 설명했다.

"진리란 금과 같아서 불려서 얻어지는 것이 아니라, 금이 아닌 것을 모두 씻어 냄으로써 얻을 수 있는 거라네."

"정말 좋은 말씀입니다. 불순물을 끝없이 제거하면서 순도가 높아지는 거니까요."

"그렇지, 그래서 행복은 인간을 이기주의자로 만들지. 자신에게 나쁜 영향을 주는 것을 때때로 끊어 내지 못하면 행복할 수 없거든. 지금 당장 해야 할 것을 해야 하고, 지금까지 배운 모든 지식은 자신의 행복을 위해 봉사할 때, 그 가치가 있다는 사실을 꼭 기억해야 하네. 그냥 보고 듣고 느끼지 말고, "이게 내게 행복을 주려면 어떻게 해야 하나?"라는 질문을 꼭 던져야 하지."

우리는 스스로 자각하지 못하는 아주 먼 옛날부터 끝없이 선택하고 버리는 삶을 살았다. 매일 자신이 무엇을 선택하고 버리는지를 의식적으로 생각해 보자. 이것만으로도 우리는 성장을 꿈꿀수 있다.

아이에게 칼을 주는 사람은
아이를 사랑하는 사람인가?

"다 필요 없어, 그저 순리대로 가면 되는 거야. 그리고 이걸 꼭 기억해야 하네. '그림자가 있는 곳에는 반드시 밝은 빛이 있고, 반대로 빛이 있는 곳에는 어딘가에 반드시 그림자가 있다.' 이런 생각을 하고 살면 걱정이 없지."

내가 의식 수준을 높이려면 어떻게 해야 하는지를 묻자, 그는 이런 답을 내놓았다. 그러고는 바로 내게 이런 질문을 던졌다.

"아이에게 칼을 주는 사람이 그 아이를 사랑하는 사람인가, 아니면 칼을 주지 않는 사람이 아이를 사랑하는 사람인가?"

'이게 과연 무슨 말인가?' 하고 한동안 그 의미를 사색했지만 적당한 답을 찾지 못하고 멍하니 앉아 있는 내게 그는 "칼은 매우 위험한 도구야."라는 말과 함께 그 이유를 설명하기 시작했다.

"물론 각종 요리를 할 때는 유용하지만, 그게 아닌 경우에는 순식간에 상대를 위협하는 무기로 변할 수 있어서 자극적인 동시에 유혹적인 도구라고 말할 수 있지."

그는 도박을 권하거나 그와 유사한 투기를 권하는 사람들을 볼 때 자기 안에서 이런 생각을 꺼낼 수 있어야 한다고 강조했다.

"아이에게 칼을 주는 사람이 아이를 사랑하는 사람이라고 볼 수 있을까?"

도박과 투기는 칼이다. 방식은 다르지만 결국 그걸 든 사람을 죽이기 때문이다. 그런 상황에 빠지지 않으려면 앞서 언급한 질문을 떠올리면 된다. 사랑하는 사람에게 칼을 쥐여 주는 사람은 세상에 없으니까. 그럴 때 "내가 너를 아껴서 하는 소리야.", "너를 특별히 사랑해서 너한테만 알려 주는 정보야."라는 칼처럼 헛된 유혹에서 자신을 지킬 수 있다. 사랑과 투기, 사랑과 도박 그리고 칼은 서로 맞는 언어가 아니다.

"참 간단한 이야기야. 누구든 길을 걸어가려면 자신이 어디로 향하는지를 알아야 하잖아. 합리적이고 선량한 생활을 영위하려는 경우도 마찬가지지. 지금 선택한 그 말과 행동이 자신과 타인의 생활을 어디로 이끌어 가고 있는지 계속 지켜보며 관찰해야 한다네."

아이를 대할 때도 마찬가지다. 쉽고 빠르게 책을 읽는 방법, 단기간에 성적을 올리는 노하우 등은 모두 아이의 삶에 있어 칼처럼 위험한 것들이다. 물론 아이에게 당장 필요한 것을 더 많이 주고 싶은 부모의 마음은 이해한다. 그래서 간절한 부모의 마음을 담아 그에게 물었다.

"그럼, 유혹에 흔들릴 때는 어떻게 하는 게 좋을까요?"

"좋은 질문이야. 그럴 때는 이런 질문을 해 보는 게 좋아. '아이는 왜 위대한 걸까?' 내면에 수많은 가능성을 품고 있어서 그런 걸까? 아니지. 오히려 그 반대란 말이지. 무엇도 배우지 않아서 순수한 시선으로 사물을 바라보며 생각할 수 있기 때문에 위대한 거야."

"조금 더 구체적으로 말씀해 주시면 좋겠습니다. 순수하다는 것은 뭘 의미하죠?"

"아이들은 그 자체로 스스로 굴러가는 바퀴야. 생각해 봐. 누가 밀어주는 것도 아니고, 끌어당기는 것도 아니잖아. 순수하기 때문에 무엇에도 얽매이지 않고 자유롭게 움직이지. 그래서 어른들이 불가능하다고 생각한 것에서도 가능성을 발견할 수 있는 거야."

아이를 더 빛나게 키우기 위해 부모가 해야 할 일은 아무것도 없다. 그저 지켜보며 경탄하면 된다. 그러면 아이가 내딛는 걸음이 모두 창조로 연결되며 바라보는 시선이 박히는 곳곳에서 새로운 것이 태어난다. 세상에 존재하는 다양한 공부법과 온갖 기술은 아이 삶에 침투해서 가능성을 죽이는 칼이 될 가능성이 높다. 아이를 예로 들었지만 '아이'를 빼고 '어른'이나 '청년' 혹은 '노인' 등 누구를 넣어도 말이 된다는 사실이 중요하다. 다만 처음에 언급한 것처럼 자기 앞에 놓인 위험과 유혹에서 벗어나고 싶다면, 그리하여 의식 수준을 높이고 싶다면 '늘 순리대로 가야 한다'는 사실을 잊지 말아야 한다.

> "순서와 기본을 지키면 세상에 걱정할 게 없지. 그런 삶을 살고
> 싶다면 우리는 다음 3가지 조언을 일상에서 늘 기억하며 적용하
> 려고 노력해야 해. 필사를 해도 좋으니 자네도 한번 써 보게나."
> -어떤 경우에도 폭력이 아닌 사랑을 위한 삶을 살아라.
> -지식은 사랑과 행복을 위해 봉사할 때 그 가치가 빛난다.
> -작은 변화가 일어날 때 우리는 진정한 삶을 살게 된다.

요즘 같은 세상에 정말 빛이 될 수 있는 조언이다. 글쓰기가 어렵고 힘들다는 사람이 도움을 얻기 위해 고른 글쓰기 관련 책을 보면, 그가 왜 글쓰기를 어렵게 생각하고 쉽게 쓰지 못하는지를 짐작할 수 있다. '누구나 3달 만에 쉽게 베스트셀러 작가가 되는

법'은 칼이다. 모든 분야가 마찬가지다. 그 사람이 선택한 책을 보면 그 사람이 왜 그걸 제대로 못해서 고생하는지를 짐작할 수 있다. 그 사람이 고른 마케팅 관련 책을 보면 그가 왜 마케팅을 못하는지를, 그가 읽고 있다는 책의 리스트를 보면 왜 인생이 잘 풀리지 않는지를 짐작할 수 있다. 그는 강물을 예로 들면서 삶의 진리가 녹아 있는 이야기를 전해 준다.

> "깊은 강물은 돌을 집어 던져도 흐려지지 않지. 모욕을 받고 이내 발칵하는 인간은 작은 웅덩이에 불과한 거야. 우리를 유혹하는 것들도 마찬가지지. 가치 있는 것들은 깊어서 쉽게 움직이거나 흐려지지 않는다네. 그걸 발견할 안목을 가지려면 책 한 권을 선택할 때도 이런 생각을 해야 하네. 지금 선택한 그 책이 나의 의식이 흐르는 방향을 결정하며, 그렇게 매일 읽어서 쌓인 책이 나의 의식 수준을 결정한다. 늘 기본과 순리를 기억하며 책 한 권도 쉽게 선택하지 말자. 그건 세상을 판단하고 받아들이는 자신의 의식 수준을 결정하는 일이니까."

멈추지 않고 살아가는
이유가 무엇인가?

여기에 소개하는 삶의 멘토들은 저마다 자기 분야를 대표하는 수많은 책을 냈다. 톨스토이 역시 마찬가지로 80년이 넘는 생애 동안 다양한 분야에서 자신의 생각과 지혜를 책으로 썼고, 나도 50권이 넘는 책을 썼다. 물론 그 수준에서 차이는 있지만 우리가 서로 공감하는 것은 '쓰는 삶의 어려움'이다. 그 고통을 톨스토이는 이렇게 표현한다.

"매일 연습을 하지 않는다면 피아노나 노래를 배울 수 없지. 세상에 어쩌다 한 번으로 얻을 수 있는 것은 결코 없으니까."

"저도 30년 이상 글을 쓰면서 참 쉽지 않다는 생각을 하고 있습니다. 매일 쓴다는 것이 생각처럼 수월한 일은 아니네요."

"내가 좋은 팁을 하나 주지. 현명하게 글을 쓰고 싶다면 다음 3가지 자세가 필요하네. 하나는 현명하게 질문을 하는 방법을 알아야 한다는 것이고, 또 하나는 주의 깊게 듣는 태도를 가져야 한다는 것이지. 그리고 마지막으로 가장 중요한 부분인데, 너 이상할 말이 없을 때 말을 그쳐야 한다는 거야. '멈출 줄 알아야 폭발적으로 앞으로 나갈 수도 있다.'라는 사실을 잊지 말게. 글을 쓰니까 잘 알겠지? 띄어쓰기가 없다면 원고지가 어떻게 될까?"

"아, 상상만으로도 답답해집니다. 글을 읽기가 어려워질 것 같아요. 모든 글자가 하나로 끝까지 연결되어 있으니."

"맞아, 느낌표와 물음표도 하나의 글자이지만, 빈칸도 역시 마찬가지로 중요한 의미를 갖고 있는 글자라는 사실을 알아야 하지. 멈출 줄 알아야 비로소 가치를 전할 수 있는 거야. 삶에게 빈칸을 내어 줄 용기를 갖게."

책을 읽을 때도 마찬가지다. 무작정 끝까지 읽는 것보다 중간에 멈출 지점을 찾는 게 더욱 중요하다. 멈췄다는 것은 무언가에 심취해 생각을 시작했다는 의미이기 때문이다. 남들은 아무것도 하지 않는 시간이라고 생각하겠지만, 본인 입장에서는 읽을 때보다 더 치열한 시간을 보내는 것이다. 그렇다. 끝까지 치열하게 쓰기도 해야겠지만 글에서 힘을 전하고 싶다면 중간중간 적시에 잘 멈춰야 한다. 아무것도 쓰지 않고 빈칸을 남기고 지나간다는 것

의 가치를 알아야 한다. 모든 칸을 채워야 한다는 강박에서 벗어
나자.

삶의 고통 역시도 전진만 하려는 의지에서 시작한다. 그 의지
는 타인에 대한 평가로 이어지기 때문이다. 그러나 다른 사람을
비판하는 것은 잘못된 일이다. 우리는 다른 사람의 영혼에 무슨
일이 일어났는지 알 수 없기 때문이다. 그러므로 끝없는 노력 끝
에 감각적이고 물질적인 삶에서 벗어나 자신을 제어할 수 있는 자
유로운 사람만이 진정한 인생 목적을 알게 된다.

"다시 쉽게 말하자면, 삶을 깊이 이해하면 할수록 죽음으로 인
한 슬픔은 그만큼 줄어들 것이고, 총명하면 총명할수록 자신의 사
상을 표현하는 말은 더욱더 단순해진다는 거지."

"당신은 어쩌면 그렇게 입만 열면 좋은 말이 술술 나오나요?"

"대단한 일은 아니네. 우리에게 진정으로 필요한 학문은 인간
은 어떻게 살아야 하는가에 대한 것이고, 그래서 나는 청년 시절
부터 명언을 모아놓고 보는 걸 좋아했다네. 그렇게 좋은 말과 생
각을 내면에 기록하며 살았던 거지. 간혹 오랫동안 모았던 명언
들을 책으로 출판하기도 했으니 공부도 하고 경제적 이득도 얻는
일석이조(一石二鳥) 효과도 있었다네."

"좋은 말도 그걸 알아볼 수 있는 안목이 있어야 할 것 같은데,
당신만의 비법이라도 있나요?"

"간단하지. 좋은 말은 언제나 단순하고, 언제나 만인에게 이해되며, 그리고 언제나 합리적이라는 사실만 기억하면 되네. 참, 명언을 발견하고 모아야 하는 또 하나의 이유를 말하지 못했네. 그건 바로 지금까지 내가 강조한 멈추는 삶을 살 수 있게 돕는다는 거야. 좋은 말을 발견하고 그걸 기록하는 동안 우리의 영혼은 가장 근사한 지점에 멈춘 상태로 있기 때문이지."

끝까지 쉬지 않고 계속 뛰어갈 수 있는 인생은 없고, 굳이 그럴 필요도 없다. 끓어오르는 열정에 휴식을 허락하는 것도 좋다. 끝없이 쓰는 행위는 누구나 할 수 있지만, 중간에 멈추고 빈칸을 남겨 두는 것은 삶의 목적을 아는 사람만이 할 수 있는 용기 있는 선택이다.

당신은 매일 세상이라는 연인에게
무엇을 주는가?

하루는 톨스토이와 글쓰기에 대해서 이야기를 나누다가 하나로 의견이 모아진 적이 있었다. 그때 우리가 함께 나눈 생각은 바로 "나는 글을 쓰는 동안에 삶을 잊은 적이 없다. 그 반대도 통한다. 사는 동안 글을 잊어 본 적도 없다."는 것이다. 우리는 서로 알고 있었다. 그것이 바로 24시간의 일상을 살며 동시에 글도 쓸 수 있는 방법이라는 사실을 말이다. 일과 삶, 삶과 일을 반복하며 살고 있다는 것은 달리 말하면 느낌표와 물음표 다시 물음표와 느낌표를 반복해서 살고 있다는 말과 같다.

"그때도 그랬지만 앞으로도 마찬가지야. 무엇을 하든 미쳐서 일하는 사람들이 세상을 주도할 거야."

"미쳐서 일하기 위해서는 어떻게 해야 할까요?"

"간단하지. 핵심은 바로 모든 타인을 사랑하는 사람으로 바라보는 일상에 있으니까 말이야."

"조금만 더 구체적으로 말씀해 주실 수 있을까요?"

"아, 좋아. 그럼 글쓰기로 예를 들어 볼게. 글을 쓰는 사람은 연인에게 편지를 쓰는 마음으로 쓰는 거야. 모든 독자를 사랑하는 연인이라고 생각하며 글을 쓰는 거지. 그럼 당연히 상대를 만족시키기 위해서 미친 듯이 글을 쓰지 않겠어?"

정말 그렇다. 제품을 만드는 사람은 사랑하는 연인에게 줄 선물이라고 생각하며 창조하고, 강의를 하는 사람은 연인에게 들려주는 편지를 쓴다고 생각하며 자료를 만들어야 남과 전혀 다른 것을 제공할 수 있다. 사랑하는 마음은 언제나 가장 특별한 것을 우리에게 주기 때문이다.

내가 '균형'을 말하는 장의 끝에서 이 글을 소개하는 이유는 사랑이 결국 모든 균형을 가장 근사하게 맞춰 주는 마법과도 같은 역할을 하기 때문이다. 그는 그것이 쉬운 일은 아니라며 이런 현실적인 조언을 전했다.

"좋은 음악과 건축, 미술 작품과 좋은 음식까지, 온갖 좋은 것을 자주 접하고 느껴야 하는 이유가 뭘까? '균형 잡힌 것들의 가치'를 보는 안목을 키우기 위해서라고 볼 수 있지. 모두에게 주어지는 재료를 통해 누군가는 가치가 없는 것을 만들지만, 다른 누군가는 균형 잡힌 시각으로 예술이 되게 하잖아. 그건 인생이라는 작품을 만드는 과정에도 결정적인 역할을 하지. 행복과 희망 역시 불행과 절망 사이에서 균형을 잡으며 비로소 손에 쥘 수 있는 것이니까."

지성과 예술 그리고 세상에 존재하는 모든 철학을 단숨에 정리한 근사한 말이 아닐 수 없다. 그래서 그는 언제나 강조한다.

"먹고 보고 느끼는 것을 눈과 입에서 그냥 스치지 말고, 그 안에 녹아든 균형을 보라. 행복과 희망이 그 안에 있으니까. 그래서 자기 일을 제대로 하는 사람들은 언제나 행복하다. 이렇듯 우리의 삶은 하나로 연결되어 있다. 그걸 알아차리는 것이 중심을 잡고 자기 삶을 살아가는 일상의 시작이다."

존재하는 모든 것을 사랑하는 마음으로 보려면 가장 먼저 나와 그들이 가진 가치를 깨달아야 한다. 또한 가치를 깨닫기 위해서는 내면에 존재하는 자기 자신의 모습을 들여다볼 수 있어야 한다.

내가 아닌 것은 거부하며 살 용기를 내야 한다.

"나는 나를 만들 수 있다."

〜

〈내가 돌이 되면〉, 서정주

내가
돌이 되면

돌은
연꽃이 되고

연꽃은
호수가 되고

내가
호수가 되면

호수는
연꽃이 되고

연꽃은
돌이 되고

"자네도 이 시를 좋아하나? 나와 닮은 부분이 많으니 아마 싫어하지는 않겠지. 내가 한국에서 본 시 중에 가장 멋지다고 생각한 시야. 메시지는 아주 간단하지. 주변에서 무슨 말을 해도 자기만의 필터로 걸러 낼 수 없다면 자기 삶을 완성할 수 없는 거야. 그러니 앞으로는 들려주는 대로 받아들이지 말아야 한다네. 우리는 그저 듣고 명령만 수행하는 기계가 아니니까."

"요즘에는 정말 그렇게 살아가는 사람이 많습니다. 명령만 기다리는 그런 삶을."

"내가 예전에 겪었던 이야기를 하나 소개하지. 어느 시골길을 여행할 때였어. 마침 한 아이가 백합꽃이 예쁘게 수놓인 내 가방을 몹시 갖고 싶어 했다네. 난 조금 당황했지만 다른 방법이 없었지. 아이의 표정이 가방을 강렬하게 원하고 있었으니까. 나는 당장은 줄 수 없지만, 조금만 기다리면 돌아와 가방을 주겠다고 약속했다네. 며칠이 지났고 나는 아이와의 약속을 지키기 위해 그 아이의 집을 찾아갔지. 그런데 매우 난감한 상황에 놓이게 되고 말았지."

"무슨 일인가요? 갑자기 가방을 주기 싫어진 걸까요?"

"아니야, 불행하게도 아이가 이미 죽고 말았던 거야. 그래서 내가 어떻게 했을까? 나는 그 가방을 소녀의 무덤 앞에 내려놓았지. 그리고 이렇게 기도했어. '가엾은 아이야, 너는 죽었으나 나와의 약속은 죽지 않았단다.' 그게 바로 내가 글을 쓰고 사색하는 마음이야. 세상에 조금 더 소중한 것을 남기려는 마음 말이야."

세상에 존재하는 모든 것을 연인처럼 대하기 위해 또 하나 중요한 것이 내면의 크기다. 많은 것을 가져야 그것을 세상과 나눌 수 있는데, 아무리 거대한 지성을 줘도 그걸 받아들일 내면의 준비가 되어 있지 않다면 별 쓸모가 없다. 세상은 이미 자신의 모든 것을 허락하고 있다. 단지 누군가는 그걸 가득 채우고 또 누군가는 먼지처럼 조금만 담을 뿐이다. 세상의 잘못이 아니라, 세상이 불공평한 것이 아니라 내가 담지 못하는 것이다. 우주를 줬지만 티끌 하나만 담고 살아가는 것이다. 뭐든 될 수 있고, 담아낼 수 있다고 생각하자. 생각의 태도를 그렇게 바꾸면 내면의 크기가 확장되며 세상에 전할 가치를 더 많이 담을 수 있다. 그런 사람에게는 앞으로 세상이 어떻게 변하든 결코 혼란이 찾아오지 않을 것이다. 그 자신이 세상의 중심일 테니까. 톨스토이는 마지막으로 삶의 균형을 잃고 방황하는 이들을 위한 6줄의 조언을 전했다.

"자신의 삶을 더 깊이 이해하면 할수록

죽음으로 인한 슬픔은 그만큼 줄어들 것이다.

인생의 목적과 그것을 성취하는 방법을

자기 삶에서 깨닫는 것이 바로 지혜이다.

진정한 사랑은 말에 있지 않고 행동에 있으며,

그런 사랑만이 우리에게 진정한 지혜를 준다."

어떻게 원하는 것을
얻을 것인가

아르투어 쇼펜하우어 Arthur Schopenhauer

여전히 바라보고 있는가,
드디어 뛰어들었는가?

쇼펜하우어는 매우 특별한 철학자이다. 우리는 그를 이런 주장을 하던 사람으로 기억하고 있다. "최악의 인생은 부단한 욕망에 쫓기어 만족할 수 없는 것을 추구할 때 시작한다. 그런 조악한 생에서 벗어나기 위해서는 예술적 삶에 다가가야 하며 일상을 관조하는 마음으로 살아야 한다." 조금은 무서운 인상에 강한 에너지를 가진 그를 처음 봤을 때 조금 긴장했지만, 의외로 따뜻한 음성에 마음이 풀렸다. 그는 이런 질문으로 대화를 시작했다.

"세계는 곧 내 인식의 반영이지. 우리는 인식한 것만 볼 수 있으니까. 모든 사람은 그 자신의 이해 정도와 인식의 한계 내에서만 세상을 바라볼 뿐이야. 그런 인간의 성장을 어떤 식으로 나눌 수 있는지 알아? 자네, 그거 생각해 봤어?"

　나를 보자마자 연거푸 던진 질문으로 생각에 잠겨 있을 무렵 그는 내 답을 기다리지 않고 과거 생명을 유지하는 데 급급했던 시대부터 현재 데이터로 모든 것을 평가하는 시대까지 무려 1시간에 걸쳐서 인간의 삶을 흥미롭게 설명했다. 그 긴 시간 동안 내가 들은 내용을 짧게 압축하면 이렇게 표현할 수 있다.

　"생산성만 중시하던 과거에는 눈에 보이는 부분만 중요하게 생각했지. 더 화려하게, 더 많이 만드는 게 지상 과제였으니까. 하지만 이제 다르지. 눈에 보이는 부분은 얼마든지 실수를 하거나 상처가 있어도 되지만, 눈에 보이지 않는 부분에는 조금이라도 소홀한 마음이 있어서는 안 되는 거야. 보이는 것은 언제든 수정할 수 있고 스스로도 짐작할 수 있지만, 눈에 보이지 않는 과정에는 그 콘텐츠의 운명을 결정할 혼이 담겨 있기 때문이야. 눈에 보이지 않는 과정을 소홀히 대한다는 것은 그 작품의 심장을 도려내는 것과 마찬가지라고 할 수 있지."

　그의 설명에 나는 그저 경탄할 수밖에 없었다. 결국 우리에게 주어진 인간의 가능성을 더 크게 확장하며 살고 싶으면, 이 빅데이터 속에서 새로운 삶의 방식을 끌어내는 지적 모험을 떠나야 한다. '하나의 생명'은 이미 '하나의 데이터' 취급을 받고 있기 때문이다. 이 시대를 사는 우리에게 그 임무가 주어진 것이다.

"지적 모험을 떠나려면 어떻게 해야 할까요?"

"그거 아주 간단하지. 인식만 바꾸면 가능해. 만약 자네가 자신의 가치를 즐기고자 한다면, 먼저 눈앞에 펼쳐진 세계가 가치 있음을 인정해야 한다네. 그거면 충분해. 구체적인 방법이 궁금하지?"

"네, 근사한 말씀입니다. 제가 일상에서 실천할 수 있는 방법이 있을까요?"

"그래, 방법은 4가지야. 하나, 더 많은 것을 검색하라. 둘, 눈앞에 있는 것을 사색하라. 셋, 자기만의 시선으로 분석하라. 넷, 마지막으로 멈추지 말고 탐색해라."

지적 모험의 끝은 결국 탐색인 셈이다. 그는 모든 사람이 자기 삶에서 탐색을 시작해 보길 권한다. 그게 바로 창조의 시작이자 최선의 실천이기 때문이다. 설령 쉽게 이뤄지지 않더라도 포기하지 말고 끝까지 가 보자. 그 이유에 대해 그는 짧지만 깊은 의미가 담긴 조언을 던졌다.

"알지? 어차피 모두 죽어. 여기, 나도 죽었잖아! 그러니까 죽기 전에 실천해 보자는 거야."

그의 말은 거짓이 아니다. 자신의 말을 스스로 증명했으며, 나 역시 지난 20년 이상 실천하며 하나하나 증명하고 있다. 앞서 나열한 4단계를 실천하면 남의 이야기에 구속되지 않고 자신의 머리로 스스로 생각할 수 있다. 주변을 한번 보라. 사소한 선택 하나 스스로 하지 못하는 사람이 많다. 식당에서 주변 사람에게 "나 뭘 먹어야 하지?"라고 묻는 사람도 있다. 왜 자신이 먹을 음식도 스스로 선택하지 못하는가? 왜 남의 선택을 보며 참고하는가?

그는 갑자기 이야기를 문학의 영역으로 선회했다. 바로 질문이 날아와 가슴에 꽂혔다.

"왜 지금 우리는 인문학이 필요하다고 그렇게 외치면서 정작 인문학이 죽은 시대를 살고 있다고 말하는 걸까?"

답이 쉽지 않은 질문이다. 게다가 참 오래전에 나온 말이다.

"인문학이 언제 힘을 내는지 알아? 바로 자극적인 것과의 결합이 이뤄질 때야."

"자극적이라는 것은 무엇을 의미하는 건가요?"

그는 조금 더 자세하게 설명하기 시작했다.

"인문학이 돈과 권력과 결합할 때 대중은 갑자기 인문학에 귀를 기울이지. 그런데 그게 인문학이 진정 생명을 얻는 것이라고 말할 수 있나? 그로 인해 오히려 인문학은 더욱 빠르게 죽어 가지. 그건 진실한 경청이 아니기 때문이야. 인문학이라는 꽃의 가치를 알고 다가온 것이 아니라 꽃 주변에 발라져 있는 돈과 권력이라는 꿀에 반응한 것이기 때문이잖아. 내 말이 맞잖아?"

그래, 맞다. 꿀은 결국 모두 사라지고 인문학은 다시 홀로 남아 서서히 죽어 간다. 내가 이런 이야기를 하는 이유는 인문학을 살리자는 것이 아니다. 인문학은 단순히 살리자는 구호로 살릴 수 있는 것이 아니다. 중요한 것은 본질을 제대로 보는 눈을 가지는 것이다. 돈과 권력이 주는 유혹에서 자유를 얻기 위해서는 그것이 존재할 수 있게 만드는 지성의 본질이 무엇인지를 알아야 한다.

그러므로 지금보다 더 아름다운 과정을 통해 근사한 끝을 보고 싶다면 뛰어들어야 한다. 배도 한쪽으로 쏠리면 방향을 잃고 가라앉는다. 인생도 마찬가지다. 실천이 무엇보다 중요하다. 그게 바로 생각을 현실로 만드는 기적의 무기이니까.

"대체 왜 생각을 하지 않고 사는 거야?"

"생각하고 살기에 인생은 너무 힘들고 답답하기 때문이 아닐까요?"

"그래, 물론 이해하지. 하지만 생각을 해야 새로운 10년을 맞이할 수 있지, 매년 똑같은 10년만 돌아온다면 무슨 의미가 있을까? 우리는 이 말을 기억해야 하네. '세계는 비참한 사람에게만 비참하고 공허한 사람에게만 공허하다.' 이게 무슨 말일 것 같아? 생각하고 살지 않으면 어떤 세상에서도 비참한 인생을 살 수밖에 없다는 거야. 생각이 곧 자기 삶을 바꾸는 기적인 셈이지."

부정할 수 없는 삶의 진리다. 스스로 생각해서 그것을 실천하는 삶을 살지 않는다면, 10년 전에 혹은 100년 전에 세상을 떠난 사람과 다를 게 없는 것이다. 그는 강력한 음성으로 이렇게 외친다.

"대체 그러면 왜 살아? 그만 살지."

조금은 냉정한 표현이지만 그는 "제발, 늘 앞을 보며 살라."고 자신의 마지막 생명을 걸고 외치는 것이다. 지성의 시작과 끝도 역시 하나의 실천에서 비롯되는 거니까.

나는 내게 가능성을
허락하고 있는가?

대화로 문제를 해결하는 과정은 현대를 살아가는 지성인에게 꼭 필요한 덕목 중 하나다. 그러나 희망을 품고 시작한 모든 대화는 시간이 지나면서 대부분 치열한 논쟁으로 몸을 바꾸고, 논쟁에 빠지면 결국 싸우거나 사이가 멀어진다. 그러고는 서로 자신이 이겼다며 돌아선다. 그 이유가 뭘까? 그는 이렇게 판단한다.

"그거 간단하지. 논쟁에서 이기기 위한 목적 하나로 자꾸만 상대를 평가하고 편을 나누고 배척하기 때문이야. 말로 싸우기 위해서는 먼저 상대의 말을 평가해야 하는데, 결국 그게 모든 불행의 시작인 거지."

"좋은 말씀인데, 그게 참 쉽지 않은 것 같습니다."

"그렇지, 하지만 나는 삶으로 그걸 보여 줬잖아. 내가 얼마나 비참하고 우울한 환경에서 살았는지 알지? 물론 경제적으로 부족한 것은 없었지만, 부모님들의 관계가 좋지 않아 행복을 느끼지 못했으니까."

"아버지가 자살로 돌아가셨다는데, 그 충격도 참 짐작할 수 없을 정도로 크셨을 것 같습니다."

"더 놀라운 사실은 아버지가 그렇게 세상을 떠난 후, 어머니가 보여 준 행동이지. 사교 생활에 더 열중했으니까 말이야. 오죽하면 내가 어머니를 고소까지 했겠어!"

쇼펜하우어도 평생을 살면서 다양한 논쟁에 휘말렸지만, 놀랍게도 단 한 번도 그걸로 일상을 멈추거나 크게 분노한 적은 없었다. 논쟁을 분노로 연결하지 않았던 자신의 삶을 그는 이렇게 정리한다.

"우리는 애초에 서로에게 주어진 일이 다르지. 상대를 비난하고 배척하는 그들은 평가하는 사람이고, 나는 세상에 존재하는 새로운 의미를 발견하는 사람이니까."

자신에게 가능성을 허락하는 아름다운 말이다. '여기에 무언가 있다.'고 생각하는 사람에게 모든 텍스트는 광산이나 마찬가지다. 그것도 남들이 "여기에는 이제 아무것도 없다."라며 돌아간 곳에 들어가서 "여기를 한번 파 보자!"라고 자신 있게 외칠 수 있는 사람이다. 더욱 놀라운 것은 그가 말한 곳에서 실제로 아무도 발견하지 못한 온갖 보석이 나온다는 사실이다.

"자네에게 근사한 말을 하나 알려 주고 싶네. '비슷한 영혼은 멀리서도 알아보고 인사를 나눈다.' 우리는 서로 각자에게 맞는 사람을 알아보고 만나게 되어 있지. 내 수준이 높아지면 그 수준의 사람과 인연을 맺게 되는 거야. 나무가 튼튼해지기 위해서는 바람이 필요하듯, 인간이 좋은 사람들과 관계를 맺기 위해서는 먼저 좋은 영혼이 되어야 한다는 거지."

삶도 마찬가지다. "이게 대박이야!", "요즘 다들 이거 하잖아."라는 말로 시작한 모든 행위에서는 손해를 보기 쉽다. 그들이 한 것이 대박이 아니거나 가치가 없는 것이라서가 아니라 실제로 그 안에 보석이 가득해도 그걸 발견할 안목이 없어서다. 우리에게 "반드시 무언가 있다"라는 시선의 태도가 필요한 이유다. 있다고 믿어야 시선이 활짝 열려서 깊은 곳까지 볼 수 있기 때문이다.

"그런 근사한 능력을 가지려면 일상에서 어떤 훈련을 해야 할까요? 그 방법에 대해서 많은 분이 궁금해할 것 같습니다."

"내 삶을 자세히 보면 방법이 보여. 시작은 낯선 곳에서의 질문이야. 이를테면 나는 아무도 눈여겨보지 않는 공간을 찾아다니면서 이런 질문을 하지. '누군가 여기에서 이런 사업을 시작했다면 어땠을까?', '내 앞에 왔던 사람은 저기로 갔구나.', '그럼 나는 저기로 가서 이런 방식으로 생각을 현실로 만들어 보자.' 가능성이라는 빛을 내면에 품고 질문이 이끄는 방향으로 가면 거기에서 누구도 짐작할 수 없는 귀한 것들이 나오는 거야. 나는 경험이라는 가장 좋은 재료로 스스로를 교육하는 거라고 볼 수 있지. 우리는 모두 그렇게 자신을 교육할 수 있어야 하네."

자신에게 가능성을 부여하는 사람들의 생각은 다르다. 그들은 경영학 책을 읽으며 예술을 이해하고, 반대로 예술에 대한 책을 읽으며 경영에 대한 깨달음을 얻곤 하는 것이다. 다른 시선으로 볼 수 있다면 같은 공간에서도 다른 현상을 발견할 수 있다. 그런 일련의 과정을 통해 자신에게 가능성을 허락할 수 있다. 같은 공간에서 같은 것을 듣고 바라보고 있어도 언제나 "여기에 뭔가 다른 게 있다."라는 시선을 잃지 말자. 다른 것을 보겠다는 마음의 실천에서 자기 삶의 변화는 시작한다.

버킷리스트가 있는 삶은
왜 죽은 삶인가?

　살아 보면 모두 쉽게 알 수 있는 부분이지만, 인간의 마음이라는 것이 연약하고 간사해서 무언가를 열정적으로 시작해서 모두가 인정하는 성공의 경지에 도달하게 되면, 급격하게 초심을 잃고 방황하게 되는 경우가 많다. 물론 모두가 그런 과정을 겪는 것은 아니다. 세상에는 크게 성공했지만 처음 마음을 기억하며 순수한 열정을 잃지 않고 살아가는 사람도 있다. 비결이 뭘까? 쇼펜하우어가 내놓은 답은 매우 간단하지만 그 의미는 넓고 깊다.

　"일시적인 성공이 아닌, 영원한 성장이 목적이기 때문이다."

　정말 중요한 지점이다. 어떤 것을 삶의 목표에 두고 살아가느냐에 따라서 같은 능력을 갖고도 전혀 다른 인생을 경영할 수 있다는 증거이니까. 그는 다시 이런 조언을 전한다. '영원'과 '성장'이라는 키워드의 본질이 무엇인지 그의 조언을 통해 비로소 이해할 수 있을 것이다.

"인생의 저녁은 당신이 오전에 만든 등잔을 들고 찾아온다. 다시 말하자면, 당신 인생의 처음 사십 년은 본문이고, 나머지 삼십 년은 그 주석에 불과하다. 그러니 나중을 생각하지 말고 지금 당장 해야 할 일에 집중하라."

"죽기 전에 무엇을 하고 싶나?"라고 묻는 '버킷리스트'가 유행한 적이 있다. 잘 생각해 보면 '버킷리스트'라는 개념 안에는 자기 삶을 대하는 사람들의 태도가 녹아 있다. 그는 통렬하게 묻는다.

"당신의 버킷리스트는 무엇인가? 버킷리스트는 내게 사치스러운 말이야. 나는 버킷리스트가 없어. 이유는 간단하지. 하고 싶다고 생각하면 바로 실천하니까. 남겨 두지 않으니 리스트에 적을 수가 없지. 왜 그렇게 하고 싶은 그걸 지금 당장 하지 않고 종이에만 적고 있나? 먹고 싶은 건 매일 당장 어떻게든 잘 먹고 살면서 말이지!"

뜨끔한 그의 조언을 듣기 전까지 버킷리스트는 내게 꿈과 희망이 가득한 단어였다. 하지만 바라보는 관점에 따라 삶의 태도가 바뀌고, 태도가 바뀌면 같은 문장을 봐도 다르게 해석하게 된다는 사실을 다시금 깨닫게 된다. 만약 누군가 "당신의 버킷리스트가 무엇인가요?"라고 물었을 때 당신이 살아 있는 동안 해야 하는 일을 생각하고 있다면, 당신은 현재 그것을 실천하지 않고 있음을 스스로 증명한 셈이다.

놓칠 수 없는 삶이라고 생각했을까? 쇼펜하우어는 평생 죽음과 대결했다. 청년 시절에는 호기롭게 이렇게 외치고 다녔다.

"35살이 넘으면 보너스 인생이고, 죽음은 원래 상태로 되돌아가는 일이지. 현실에 최선을 다했다면 언제 죽어도 괜찮아."

하지만 그의 말은 이렇게 바뀌어 나갔다.

"70살이 넘었지만 아직 더 살고 싶다."

"아니다. 90살까지 살고 싶다. 80살이 되더라도 죽음은 아직 부담스러울 것이다. 90살쯤 되면 자연스럽게 죽음을 받아들일 수 있을 것 같다."

그가 그토록 삶에 치열하게 매달렸던 이유는 뭘까?

"살아가고 있는 오늘의 현실에 집중할수록 더욱 자신을 빛낼 수 있다. 젊은 나날은 그 빛을 통해 다시 우리를 찾아온다."

마치 화염과도 같은 말이다. 다시 말하지만, 버킷리스트가 있다는 것은 현재 그것을 하지 않고 있음을 증명하는 것이다. 그처럼 생각날 때마다 실천으로 옮긴다면 하고 싶은 것도, 남기고 싶은 의미도 남아 있지 않다. 그래서 그는 "버킷리스트가 있는 삶은 오히려 죽은 삶이다."라고 외친다. 실제로 그는 자신의 말을 증명하며 살았다. 죽는 날까지 글을 쓰며 사색하는 일상을 보내겠다는 그 다짐을 죽는 그날까지 실천했다. 우리는 기억해야 한다. 고통은 생명의 증거이며, 아무리 힘들어도 삶은 희망의 메시지로 가득하다. 그게 아니라면 살아 있는 동안 무언가를 희망하고 꿈꾸지 않을 테니까. 반대로 당신이 늙고 아프다면 오히려 의식적으로 더욱 살아 있는 동안에 할 수 있는 일을 꿈꾸라. 그 의식이 당신의 몸과 정신을 더욱 젊고 건강하게 만들어 줄 것이다. 중요한 것은 현재의 실천이다. 죽은 이후의 일은 그 공간을 관장하는 시간의 신에게 맡기면 된다.

그러므로 기억하자. 꿈과 희망이 당신 안에서 함께 사는 동안 당신의 생명은 무엇보다 귀하고 아름답다. 끝이 없는 것을 추구해야 끝까지 진실한 마음을 간직할 수 있다. 이는 정말 중요한 삶의 진리다. 앞서 말했듯 성공에는 끝이 있지만, 성장에는 끝이 없다. 성장을 삶의 목적으로 둔 사람들은 아무리 성공해도 진실한 열정과 태도를 유지할 수 있다. 성장이 삶의 목적인 사람에게 성공은 그저 지나가는 과정일 뿐이다. 일시적인 것에서 벗어나 영원한 것을 보라! 거기에 평안과 자유가 있다. 성공이 끝이 아닌 하나의 과정인 삶을 선택하라! 멈추지 않는 지적인 성장은 바로 그 태도에서 시작한다.

죽어도 사라지지 않는 문장을
가슴에 품고 있는가?

이 책을 탈고하는 기간 동안 몸이 좋지 않아서 정신을 잃고 세 번이나 쓰러져야만 했다. 새벽에는 응급실에 갔고, 저녁에 쓰러졌을 땐 바닥에 엎드려 의식이 돌아오기를 기다렸다. 나는 왜 그런 선택을 했던 걸까? 새벽은 깊고 두껍고 어둡다. 보이지 않고 측정이 불가능하다. 그래, 인생도 그렇다. 보이지 않을수록 알고 싶어지고 두려움은 더욱 깊어진다.

"우리는 어떻게 살아야 하는가?"

우리가 사는 이 시대에 이 질문에 대해 선명한 동시에 지혜로운 답을 전해 줄 사람은 많지 않다. 생각이 거기에 미치자 나는 더욱 힘을 내서 탈고할 수밖에 없었다. 혼란스러운 이 시대를 건너갈 수 있는 방법을 알려 줄 사람은, 이 책에 소개하는 여섯 명의 멘토밖에는 없다고 생각했기 때문이다. 새벽처럼 흐릿하거나 손에 잡히지 않는 언어는 큰 도움이 되지 않는다. 그래서 그들의 언어는 우리에게 큰 힘을 줄 수 있다. 삶에서 나온 진짜 언어이기 때문이다.

"잘 알고 있네. 맞아, 삶에서 나와야 진짜라고 말할 수 있지. 다들 입으로만 떠들고 있잖아."

쇼펜하우어는 동의하며 자신의 삶을 관통하는 2가지 원칙을 소개해 주었다.

"내게는 2가지 삶의 원칙이 있다네. 하나는 아침 시간을 소중히 여긴다는 것이지. 늦게 일어나면 아침 시간이 사라지는 거잖아. 아침 시간을 삶의 본질이자, 신성한 것으로 생각해야 한다네. 또 하나는 고통을 삶의 양념이라고 생각한다는 거라네. 약간의 근심, 고통, 고난은 삶에 반드시 필요한 양념이지. 이렇게 생각할 수 있잖아. '바닥에 적절한 무게의 짐을 싣지 않은 배는 불안정하여 마음대로 앞으로 나갈 수 없다.' 피할 수 없다면 그걸 내 인생에 적절히 활용하는 거야. 인생은 소중하니까."

그가 내게 전한 말과 글을 여전히 기억하며 단어 하나라도 허투루 쓸 수 없는 이유가 바로 이 대화 때문이었다. 게다가 그는 하나도 남기지 않고 모든 글과 말을 내게 선물하고 싶다고 했다. 그런 그의 정신과 마음의 방향이 내게는 전혀 이상하게 느껴지지 않았다. 서로 다르지 않기 때문이다.

"내가 쓴 글과 말은 세상이 준 선물이지. 결코 내가 만든 게 아니야. 그러니까 누구든 마음껏 가져가서 활용하고 이용했으면 좋겠어. 내가 지금까지 자네와 상상의 대화를 통해 전한 말도 다 가져가서 더 많은 사람을 위해 마음껏 써 줘. 나는 죽어서 사라졌지만, 내 글을 간직한 사람들 마음속에서 계속 살아갈 수 있는 거니까. 죽었지만 여전히 기쁜 이유가 거기에 있지. 이렇게 많은 사람이 기억하고 있는데 대체 뭐가 슬프겠어."

우리 두 사람은 다양한 부분에서 공통점이 꽤 많다. 시간을 대하는 자세와 하루를 맞이하는 마음이 비슷하고, 결정적으로 언어를 대하는 자세가 거의 같다고 말할 수 있을 정도로 비슷하다.

하루는 언어의 중요성에 대해서 깊이 있게 논하던 그가 현대 시의 창시자 보들레르(Charles Baudelaire)의 〈알바트로스〉라는 시를 통해 매우 의미 있는 이야기를 꺼낸 적이 있다. 내가 직접 번역해서 주요 부분만 나열하면 이렇다. 시에서 가장 힘이 느껴지는 한 부분을 발견하겠다는 생각으로 읽어 보라.

〈알바트로스〉, 보들레르

날개 달린 고독한 나그네여,
너는 안타깝게도 무력한 존재구나.
바로 직전까지는 근사하던 네가
지금은 참 우습고 부끄럽게 느껴진다.

담뱃대를 든 선원 하나가 다가와
그의 부리에 장난을 치고 있네.
또 다른 녀석 하나는 절며 걸어와
나그네 앞에서 불구자 흉내를 낸다.

시인도 비바람을 이겨 내고 스승을 비웃는
저 구름의 주인과 다르지 않구나.

만인의 비난을 이기지 못하고
지상에서 벗어나지 못하니,
거대한 날개가 오히려 삶의 전진을 방해하네.

당신에게는 어느 부분이 가장 강렬하게 느껴졌는가? 마지막 줄을 선택하는 사람이 많을 것이다. 그도 내 말에 동의하며 "꿈이라는 큰 날개가 현실이라는 길을 걸어가는 데는 오히려 벗고 싶은 거추장스러운 외투일 수도 있다."고 거들었다.

그가 그런 이야기를 꺼낸 이유가 뭘까? 무엇을 추구하며 살든 그것을 성취하기 위해서는 노력과 창조를 방해하는 무리들을 이겨 낼 힘센 문장 하나가 필요하다는 사실을 강조하기 위함이다. 그도 마찬가지다. 어떤 사람들은 그가 단순히 운이 좋아 대중의 존경을 받고 있다고 비난하기도 한다. 하지만 그런 이야기에 맞서 그는 분명한 어조로 이렇게 응수한다.

"그런 말을 들으면 자네는 기분이 어떤가? 당연히 불쾌하고 유감스러운 마음이 들지. 나는 그런 말은 철저히 무시하네. 불쾌한 일을 무시하고 과소평가하는 것은 행복을 위한 훌륭한 처세법이니까. 더 나은 인생을 살고 싶다면 최선을 다하면서 도움이 되지 않는 의견은 무시하는 게 현명한 태도라네!"

나는 그가 찍은 느낌표 뒤에 숨겨진 말을 알고 있다. 바로 이것, "가장 순수한 마음이 가장 아름다운 글을 완성한다."는 말이다. 그가 가슴에 품고 있는 문장이다. 권력과 명성에 기댄 글을 쓸 수도 있었지만 그런 선택을 하지 않았던 사람과 그걸 도저히 할 수 없어서 하지 못한 사람의 과정과 결과는 전혀 다르다. 충분히 흔들릴 수 있는 현실을 살아가는 사람이 스스로 중심을 잡고 세상을 살아가는 모습은 얼마나 아름다운가! 지금도 많은 사람이 세상 곳곳에서 저마다의 이유로 고통을 받고 있다. 하지만 고통이 주는 아픔에서 자유를 즐기는 사람도 있다. 그들에게는 이런 공통점이 있다.

"자신을 그냥 죽게 놔두지 않는다."

사람에게는 필연적으로 죽음이 찾아오지만 그들은 오히려 죽음에 맞서 자신의 가진 것 이상을 생산하며 살아간다. 그들이 바로 자신을 그냥 죽게 놔두지 않는 사람들이며, 그들은 가슴에 죽어도 사라지지 않는 자신만의 문장을 품고 있다. "가장 순수한 마음이 가장 아름다운 글을 완성한다." 이것이 바로 그가 삶의 고통 속에서도 희망과 꿈을 펼치며 세상에 좋은 것을 전할 수 있었던 이유다. 그는 이렇게 말하며 분명한 문장을 품고 있는 삶의 가치를 강조한다.

"아무리 힘들고 병들어도 끝없이 자신과 싸우며 생명의 가치를 세상에 전하는 삶을 살아야 하네. '당신이라면 그런 말을 할 자격이 있죠.'라는 말을 들으며 살 수 있다면, 우리는 죽고 나서도 살 수 있는 거야. 지금 자네 앞에 서 있는 나처럼 말이야. 그게 바로 우리 자신의 역할이자 가능성이지."

살아서 문장을 남기는 삶, 그게 바로 인간이 죽음을 이길 수 있는 유일한 방법이다. 다시 강조하지만 '단 하나의 문장', 그걸 남겨야 죽음을 이기는 것이다. 이번에는 그가 전한 답으로 글을 마무리한다.

"당신을 대표하는 문장은 무엇인가?
그걸 내면에 가득 담고 산다면,
당신은 영원히 죽지 않는다.
문장이 시퍼렇게 살아 당신을 기억할 테니까."

변화를 주도하는 단 하나의 표현이
무엇인지 알고 있는가?

하루는 강연을 마치고 돌아온 그가 약간 흥분한 상태에서 내게 "자네도 강연을 자주 하지? 끝난 후에 주로 어떤 이야기를 듣나?" 라고 물었다.

"상황에 따라 다르지만 '좋은 강연입니다. 역시 실천이 문제네요.'라는 식의 이야기를 자주 듣죠."

"맞아, 정말 그게 문제야. 나는 이런 식의 반응이 가장 싫어."

"아, 당신께도 그런 게 있으시군요. 어떤 반응인가요?"

"쇼펜하우어 당신은 나이도 많은데 힘도 참 좋으십니다. 바로 이거야. 운동하는 것도 아니고, 내가 내 힘을 자랑하려고 강연을 하나? 참 지혜로운 말씀이네요. 저도 그걸 삶에서 실천하겠습니다. 이렇게 말하면 얼마나 좋아. 나도 좋고, 그들도 좋고."

"왜 그렇게 말을 하지 못하는 걸까요? 저도 참 안타깝게 생각합니다."

"나와 자주 대화를 나눴던 루이 알렉산드르(Louis-Alexandre) 백작은 우리 대화의 경험을 이렇게 평하기도 했지. '불어에 영어, 라틴어, 그리스어까지 자유자재로 구사한다. 지성과 센스가 돋보이는 사람이라 이야기를 나누다 보면 시간이 금방 간다. 게다가 태도나 행동에서 고귀한 영혼이 느껴진다.' 어떤가? 얼마나 서로 좋아. 예전에는 내가 나눈 대화가 그대로 신문에 실리기도 했으니까. 결국 가치를 아는 사람만 그걸 흡수할 수 있는 거라네."

"좋은 이야기를 들었습니다. 결국 문제는 실행이지요."라는 말은 좋은 내용의 책과 강연을 제공해 준 것에 대한 고마움을 전하는 표현이지만, 듣는 사람 입장에서 조금 서운하게 느껴진다. 그 안에서 이런 마음이 느껴지기 때문이다.

"실천을 하지 못해서 그렇지, 사실 다 아는 내용이네요."

"뭐, 누구나 아는 당연한 말씀 잘 들었습니다."

물론 정말로 고마운 마음을 담아 전한 말일 수도 있다. 하지만 그걸 듣고 접하는 사람의 마음까지 생각한다면 이렇게 바꾸는 게 좋다.

"바로 몸이 움직일 정도로, 실천할 가치를 주셔서 정말 감사합니다.”

“오늘부터 당장 적용할 것을 생각해서 실천에 옮기겠습니다.”

의미는 비슷하지만 마음이 향하는 과정과 결과는 완전히 다르다. 다 아는 내용에서 벗어나, 그것을 실천할 다른 가치를 쉈다는 의미이기 때문이다. 이것이 중요한 이유는 듣는 사람이 아닌 본인에게 ‘실천의 힘’을 접하게 하는 귀한 역할을 하기 때문이다. “이거 아는 이야기네.”라는 말에서 벗어나 “이거 나도 한번 해 볼까?”라는 말에 접근하면 비로소 우리는 실천의 바다 앞에 설 수 있다. 그것이 바로 변화를 주도하는 표현인 셈이다.

언어가 변화에 미치는 영향은 매우 크다. 어제보다 오늘 더 아름답게 변화하고 싶다면 ‘스스로’와 ‘저절로’를 어디에 배치할 것인가, 이 질문에 먼저 답해야 한다. 변화는 그 사소한 배치에서 시작한다. 이유는 간단하다. ‘스스로’라는 표현은 자신의 주도로, ‘저절로’라는 말은 주도한 결과로 이뤄지는 활동이기 때문이다.

먼저 하나 생각해 보자. 당신이 무슨 일을 시작하든 그 일 자체를 불평하며 바꾸려고 하기보다는 자신의 삶을 먼저 바꿔야만 한다. 평생 신뢰를 바탕으로 살아온 사람은 남들이 모두 손가락질하는 일을 시작해도 단숨에 그 일을 신뢰할 수 있는 일로 바꿔 놓는다. 일 자체에는 감정이나 가치가 없다. 그걸 시작하는 사람의 삶에 모든 가치가 담겨 있다. 일이 당신을 바꾸는 게 아니라 당신의 삶이 일을 바꾸는 것이다.

삶이 스스로 바뀌면 일은 저절로 바뀐다. 그때 내 이야기를 듣던 그가 동의하며 자신의 생각을 더했다.

"자네 말이 맞아. 스스로 바뀌면 저절로 바뀌지. 과학의 발전이 그걸 증명하고 있지 않나. 과학은 우리에게 기계를 선물했고, 세월이 지나면서 기능도 디자인도 훌륭해지지. 예전에는 불가능한 것들이 이제는 당연한 것이 되어 버렸으니, 나도 요즘에 나온 각종 제품들을 보면 놀랄 정도라니까. 어디 그게 갑자기 이뤄진 발전이겠나. 모두가 '이걸 내가 한번 해 볼까?'라는 '스스로'의 마음이 이룬 '저절로'의 기적이지. 지켜보는 사람에게만 '저절로'라고 느껴질 뿐이지."

"그럼 '스스로' 변화를 주도하려면 어떻게 해야 할까요?"

"간단해. 모든 변화는 가치를 인식하며 시작하는 거니까. 우리는 왜 아무것도 하지 않는 순간을 견디지 못하고 오히려 자책하며 힘든 자신을 더 힘들게 만드는 걸까? 아무것도 하지 않는 그 순간에도 가치가 있다는 사실을 몰라서 그런 거야. 세상에 아무것도 아닌 순간은 없다는 사실을 알게 되면 비로소 '스스로'의 삶을 시작할 수 있지."

경험해 본 사람만 할 수 있는 멋진 조언에 나는 잠시 사색에 잠겼다. 나도 그의 말처럼 두 사람만이 존재하는 공간에서 잠시 멈춰 보기로 한 것이다. 멈추면 안다. 그 순간마저 우리는 자신을 보고 있다는 사실을. 멈춘 곳에는 멈춘 가치가, 뛰는 곳에는 뛰는 가치가 있다. 결과가 나오지 않는 현실을 걱정하거나 자책하지 말자. 그럼 우리의 마음은 차분해지면서 진리에 도달하게 된다.

"아무것도 아닌 지금은 없다."

나는 지금
더 중요한 일을 하고 있는가?

"오늘 조금 더 저와 대화를 나누실 수 있나요? 저녁이라도 함께
즐기면서요."

"아, 저녁에는 내가 좀 곤란한데."

"약속이 있으시군요."

"미안해, 나와의 약속이 이미 예정되어 있어서."

'나와의 약속'이라, 이게 대체 무슨 말일까? 비록 상상 속에서 이
루어진 대화이지만, 그와 저녁 약속을 잡는 것은 불가능에 가깝
다. 지난 20년 내내 거절을 당했으니까. 이유는 간단하다. 저녁
시간에는 바깥으로 나오지 않기 때문이다. 그는 단호한 표정으로

일갈한다.

"나는 저녁 시간 이후에는 누구와도 어떤 경우에도 약속을 잡지 않아. 비록 지금은 죽은 몸이지만, 나만을 위한 사색의 시간으로 저녁 시간을 활용해야만 하기 때문이지."

시간을 활용하는 그의 삶과 태도를 간단하게 정리하면 이렇다. "일반인은 시간을 소비하는 것에만 신경을 쓰지만, 짐작할 수 없는 일을 해내는 천재는 시간을 활용하는 것에 신경을 쓴다." 늙어서 시작하기에 시간 관리는 매우 중요해서 늦출 수가 없다. 그는 다시 이렇게 강조한다.

"청년기에는 주관이 그 사람을 지배하지만, 노년기에는 사색이 지배하지. 다시 말하자면 청년기는 작가로서 알맞은 시기고, 노년기는 철학을 하기에 적합한 시기라는 거야. 각자 맞는 일과 삶이 따로 있는 거지. 실천하는 데 있어 청년기는 주관과 인상에 따라 결심하지만, 노년기는 대부분 깊이 사색한 후에 결정하니까."

놀라울 정도로 대단한 시간 관리 능력이다. 시간과 지성을 대하는 그의 철학에 대한 이야기는 여기에서 끝나지 않는다.

"나는 글을 읽기 시작할 때부터 독서를 삶의 중심에 두었지. 그 때부터 놓지 않고 지금까지 지속한 나의 독서는 내 삶의 조각과도 같아. 그게 아니었다면 나는 나를 맞추지 못했을 테니까 말이야."

독서한 내용을 모두 잊지 않으려는 생각은, 먹은 음식을 모두 체내에 간직하려는 것과 같다. 독서에 대해서도 할 말이 많은지 그는 쉬지 않고 생각을 전한다.

"책을 산다는 것은 좋은 일이야. 그런데 책을 살 때는 이것까지 포함해서 생각해야 하네. 바로, '책을 읽는 시간까지 살 수는 없다.' 라는 사실이지. 읽을 수 있는 여유까지 스스로 생각해서 마련해야 하네. 그것까지가 독서니까. 그러나 사람들은 다만 책을 산 것만으로도 그 책의 내용까지 알게 된 것으로 착각하고 말지."

늘 더 중요한 일을 선택하고, 어떤 양보도 하지 않고 철저하게 자신과의 약속을 지키는 그의 삶은 지금도 유효하다. 그의 치열한 삶을 지켜보면 자연스럽게 이런 질문이 떠오른다.
"우리는 과연 주어진 삶을 최대한으로 활용하며 사는 걸까?"
확신에 차서 "그렇다."라고 말하는 사람도 있겠지만, 과연 생각처럼 효율적인 삶을 살고 있다고 확신할 수 있을까? 인생을 더 빛나게 쓰기 위한 그의 삶은 매우 정교했다. 날카로운 원칙을 세우고 지키는 것의 반복이었다.

그가 가진 삶의 철학은 그에게 매우 특별한 능력을 선물로 줬다. 바로 책을 읽을 때 어디에 줄을 쳐야 하는지를 직감적으로 안다는 사실이다. 그 능력은 그에게 다시, 서로 다른 영역의 책을 읽어도 서로 연결할 수 있는 능력을 줬다. 남들이 볼 때는 말이 되지 않는 글을 하나로 말이 되게 엮는 것이다. 그래서 늘 책을 읽으며 그것과 전에 읽었던 전혀 다른 이야기를 하나로 엮는다. 그대로 옮기면 표절이거나 인용이지만, 새롭게 엮으면 창조라고 말할 수 있다. 그렇다고 그가 엄청나게 많은 책을 읽는 것은 아니다. 하루는 그의 서재를 방문했는데, 엄청난 양의 책에 깜짝 놀라서 물었던 적이 있다.

"세상에 이 많은 책을 다 읽으시나요?"

그러자 그는 의외의 답을 내놨다.

"나는 책을 서문부터 차례대로 마지막 페이지까지 읽지 않아. 집과 연구실에 수많은 책이 있지만 모두 다 읽었다고 말할 수는 없지. 다만 내 시선을 모두 거쳤다고 말할 수는 있어."

그의 삶에서 무엇이 느껴지는가? 결국 어릴 때부터 지속한 독서와 삶의 원칙으로 삼았던 저녁 시간 이후의 사색하는 시간이 결합하여 지금의 그를 만든 셈이다. 그의 삶은 우선순위를 실천하며 얻게 된 근사한 결과인 셈이다.

이처럼 우선순위를 정하고 철저하게 실천하는 정신은 삶에서 매우 중요한 역할을 한다. 그를 만나서 대화를 하는 내내 그걸 강조했다. 직접적으로 지적하거나 조언한 것은 아니었다. 이를테면 이야기를 시작하고 연결할 때마다 이렇게 우회적으로 우선순위의 가치를 보여 줬다.

"괴테가 태어난 해가 몇 년 정도일까? 갑자기 기억이 나질 않네. 아니야, 검색하지 말고 계속 이야기 나누자. 그런 자세한 내용은 나중에 살펴봐도 괜찮으니까. 대화를 나누며 지적 성찰을 하기 위해서는 물이 흐르듯 자연스러운 게 가장 좋아. 검색만 하면 바로 나오는 정확한 정보에 얽매이면 진도가 나가지 않으니까."

그가 남들은 수십 번을 다시 태어나도 하기 힘든 일을 단 한 번의 삶에서 완벽하게 해낼 수 있었던 이유는 우선순위를 정확히 알고 실천했기 때문일 수도 있다. 독서를 바라보는 그의 시선도 마찬가지로 더 중요한 것을 설정하는 이유와 목적이 분명했다. 많은 사람이 굳이 지금 하지 않아도 될 일을 하느라 혹은 걱정하느라 정작 반드시 해야 할 일은 미룬다. 그 순서만 바꿔도 인생은 전혀 다른 방향으로 흐른다. 그는 다시 이렇게 외친다. "아무리 좋은 돌도 연약한 팔로 던지면 멀리 못 가듯, 인생을 바꿀 위대한 걸작도 어리석은 사람을 만나면 빛을 잃는다." 그의 말처럼 우리는 성장을 위한 모든 것을 갖고 있다. 다만 필요한 건, 그걸 활용할 수 있는 능력이다. 그리고 그건 지금 당장 해야 할 것을 지금 하면서 길러진다.

하루라도 무언가에
목숨을 걸어 본 적이 있는가?

그의 일상을 잠시라도 살펴본 사람이라면 절로 이런 말이 나올 수밖에 없을 것이다.

"아, 정말 목숨을 걸고 사는구나."

살기 위해서 사는 게 아니라, 제대로 살기 위해서 목숨을 거는 것이다. 그가 아니면 도저히 만들 수 없는 작품과 글 그리고 모든 결과가 그걸 증명하고 있다. 이 세상을 살아가는 사람들에게 "목숨을 걸고 일하고 있나?"라고 물으면 어떤 답변이 나올까? "굳이 그래야 하나?", "너나 그렇게 살아라." 같은 답변이 나올 것이다. 삶이 힘드니 충분히 이해할 수 있는 답변이다. 그러나 그는 같은 질문에 다음과 같이 답했다.

"내가 죽기 직전에 있었던 이야기를 해 줄까? 벌써 세월이 이렇게나 많이 흘렀군. 그러니까 1848년, 시민혁명이 실패로 돌아간 다음 내가 추구하는 철학이 드디어 사람들의 인정을 받기 시작했다네."

"아, 저도 책을 통해 그 시절 이야기를 조금 알고 있습니다. 그때 기분이 어떠셨나요?"

"그걸 말해서 뭐하나, 당연히 좋았지. 세계 각국의 저명한 학자들과 지위가 높은 사람들이 직접 방문하거나 갖가지 글을 보내왔다네. 그런데 그게 끝이었지."

"무슨 일이 생긴 건가요?"

"그렇게 기다리던 명성이 나를 감싸기 시작했을 때, 죽음이라는 녀석도 함께 찾아온 거야. 세상에, 그런 일이 내게 일어나다니! 나는 심장마비로 죽었고, 모든 재산은 내가 남긴 유언에 따라 자선단체에 기증되었지. 그런데 하나 묻지. 내가 명성을 얻자마자 죽을 운명이었다는 사실을 미리 알고 있었더라도, 철학을 공부하며 글을 썼을까? 내 대답은 오직 하나야. '물론이지!' 이제야 나는 겨우 이렇게 말할 수 있을 것 같아. 난 목숨을 걸고 글을 썼어. 내 삶이 그걸 증명했잖아. 말로만 그런 게 아니라 죽는 그 순간까지 글을 쓰고 있었으니까."

그 대답이 내게 참으로 묵직하게 느껴졌다. 실제로 내가 그걸 느꼈고, 정말로 맞는 말이니까. 그는 손가락 움직일 힘만 있어도 그 힘을 아껴 모두 글쓰기에 투자했을 것이다. 그는 누구보다 자신 있게 "난 목숨을 걸고 글을 썼다."고 외칠 수 있다. 하지만 누구도 그에게 "글에 목숨을 걸어라!"라고 강요한 적은 없다. 오히려 글을 써서 살아가는 삶에 대해 회의적인 이야기를 자주 던졌을 것이다. 바로 그게 중요하다. 누가 뭐래도 나는 여기에 목숨을 걸었다고 말할 수 있는 '그것'이 있다는 것은 그가 살아 있다는 사실을 증명하기 때문이다.

"사람들은 결국 다 죽지. 모두 다 시한부지만, 병에 걸려서 시한부로 사는 것과 언젠가는 죽는다는 사실은 많이 다르지. 나도 그래. 심장마비로 죽었지만 그 짧은 순간 정말 많은 생각을 했으니까. '아, 나도 이제 꼼짝없이 죽었구나.'라는 사실을 알게 된 그 순간부터 생전에는 관심 없던 초침과 분침 그리고 시침까지 맹렬히 돌아가는 게 보이는 거야. 그 느낌 알아?"

"아, 짐작도 하기 힘드네요."

남겨진 1초마저 가장 중요한 일에 모두 투자하겠다는 그의 이야기를 듣고 읽으며 나는 이런 시를 쓰게 되었다. 삶을 사랑하듯 한 사람을 사랑하는 것 역시 소중하며 결국에는 같은 일이라는 생각이 들었다. 시를 쓰는 일은 내게 파도가 밀려오는 것처럼 자연스러운 과정이었다. 하루를 살아도 자신의 일을 한다는 것이 무엇인지 그 농밀한 삶을 느껴 보라.

당신에게는 하염없이 눈물을 흘리며
사랑을 바칠 수 있는 누군가가 있는가?
마지막 한 방울까지 아끼고 아껴서 주고 싶은
사랑 그대로의 사랑을 느끼는 사람이 있는가?
인간은 늘 무언가를 하면서 시간을 보낸다.
책을 읽거나 판매할 상품을 만들기도 한다.
그러나 책을 읽는 눈빛을 진지하게 만들고
상품을 기획하는 시선을 날카롭게 하는 것은
지금까지 배운 당신의 지식과 정보가 아닌,
누군가를 위해 나를 바치겠다는 사랑이다.
자신을 위해 시작한 모든 일은
몸이 힘들어지거나
적당한 수준에서 멈추게 되지만,
사랑하는 누군가를 위해 시작한 일은
가장 공들인 하나가 나올 때까지
멈추지도 지치지도 않게 만들어 주기 때문이다.
최선의 하루를 보내고 싶다면
누군가를 깊이 사랑하라.

사랑하는 마음과 시선 속에서

기적은 꿈틀거리며 일어나는 법이니까.

삶의 마지막 순간 죽음을 밀칠 정도로 중요한 일이 있는가?

"옛날이야기가 나온 김에 하나 더 꺼내지. 그러니까 1859년에 오랜 셋방살이를 마무리하며 새로운 곳으로 이사를 갔지. 그런데 당시 내가 지내던 방을 둘러본 사람들이 이렇게 말하고 있는 걸 들었다네. '세상에 쇼펜하우어의 방에 인테리어 같은 것은 하나도 없고, 마치 잠깐 쉬어가는 하숙집 같았어.' 이게 뭘 의미하는 거라고 생각하나?"

"요즘 유행하는 '심플 라이프'와 같은 느낌인데요?"

"내게는 많은 짐이 필요하지 않았다네, 머리와 가슴 속에 반드시 해야 할 중요한 일이 가득 쌓여 있었으니까. 그들은 눈에 보이는 방의 풍경만 봤지, 내 머리와 가슴 속은 들여다보지 못한 거야."

가끔 이런 이야기를 듣는 사람을 보게 된다.

"저 사람은 어떻게 자기 몸이 그렇게 아픈데 병원에 가지도 않고 왕성하게 활동할 수가 있지?"

죽음을 앞에 두고 오히려 더욱 활발하게 외부 활동을 하는 그를 이상하게 여기는 것이다.

"몸도 아픈데 쉬는 게 좋지 않나?"

"뭐지, 죽음이 두렵지 않나?"

심지어는 이런 이야기도 있었다.

"죽음을 마케팅 포인트로 잡은 거 아니야?"

"혹시 안 아픈 거 아니야?"

온갖 억측이 난무하는 그들의 대화는 아마 쇼펜하우어가 살았던 삶을 알게 되면 달라질 것이다. 그리고 이렇게 생각하게 될 것이다.

"죽음이 두렵지 않은 것이 아니라 죽음이 앞을 가로막고 있어도 반드시 내가 해야만 하는 일이 있어서 죽음 따위는 눈에 보이지 않는 것이다."

그도 동의하며 이렇게 의견을 보탠다.

"가장 안타까운 죽음은 그 안에 죽음밖에 없는 죽음이지. 죽음에게 물러가라고 외칠 만한 자신의 일이 없는 사람의 일상은 외롭고 공허한 거야. 죽음이 전부였을 때는 죽음밖엔 없는 거니까. 자네도 5년 전에 암에 걸렸잖아. 처음 의사의 진단 결과를 들었을 때 기분이 어땠나?"

"아, 그건 정말 경험하지 못하면 절대 알 수 없는 기분이죠. 언어로는 도저히 설명이 불가능하네요."

사실 암이라는 놈은 여전히 인간을 난감하게 만드는 병이다. 방금까지 멀쩡하게 웃으며 살던 사람도 "당신은 암에 걸렸습니다."라는 진단서를 받게 되면 순식간에 주변이 어두워지면서 기분이 한없이 무거워진다. 하지만 그의 생각은 조금 달랐다. 오히려 그는 이렇게 묻는다.

"우리는 모두 언젠가는 죽는 거야. 그걸 몰랐나? 죽음을 생각하지 말고, 살아 있는 오늘에 더 몰입해야지."

어떤 위로도 그는 하지 않는다. "힘든 거 알아.", "네 마음 나도 알아."라는 식의 서툰 위안도 없다. 그러나 그것은 그가 냉정해서가 아니다. 삶의 마지막 순간까지 해야 할 일을 가진 사람은 죽음이 앞에 서 있어도 다시 삶을 생각한다. 1초라도 시간이 주어진다면, 자신이 하고 싶은 그 일을 하는 데 모두 투자하기 때문에 죽음 따위에 신경 쓸 여유가 없다. 그들의 강렬한 눈빛과 태도는 아무런 말도 없지만 이렇게 소리치고 있다.

"죽음아 물러가라. 내게는 아직 해야 할 일이 남아 있으니까!"

세상에는 시간이 날 때마다 어떤 일을 하는 사람이 있고, 반대로 시간을 내서 일을 하는 사람도 있다. 그는 후자다. 이미 죽어서 쇠약해진 몸은 그에게 시간을 허락하지 않지만, 자신의 의지로 신이 내린 빗장을 풀고 내 상상 속에서 글을 쓰며 살고 있다. 과연 그 마음은 어떤 태도에서 나오는 걸까?

"나는 반대로 생각하는 거지. 만약 내가 3년을 살 수 있다면, 그 시간에 내가 해야 하는 일을 하다가 죽는 게 가장 아름다운 거야."

"그럼 구체적으로 어떻게 생각하고 행동하는 게 가장 좋을까요?"

"3가지 조언을 해주지. 하나는 정진하라는 거야. 인생은 기나긴 꿈으로 가득 찬 밤이고, 인간은 그 꿈속에서 여러 가지 악몽에 시달리지. 하지만 그럼에도 멈추지 않고 간다면 그는 분명 별을 발견할 수 있을 거야. 또 하나는 간격을 유지하라는 조언이라네. 지혜로운 사람은 언제나 생각과 말 사이에 간격을 유지하지. 가장 중요한 일을 찾아서 하고 싶다면 중간중간 자신에게 멈추는 시간을 허락해야 하네. 끝없이 달리기만 하면 아무것도 볼 수 없으니까. 마지막 하나는 자신으로 살라는 거야. 인간은 다른 사람처럼 되려는 마음 때문에 자신이 가진 잠재력의 4분의 3을 상실하지. 그저 자신처럼 살면 최고가 되는 건데, 불안한 마음을 참지 못해서 스스로

V. 실천

자신의 인생을 망치는 선택을 하는 거야."

그러면서 그는 기계와 다른 인간의 사랑 이야기를 꺼냈다. 정리하면 이렇다. 기계는 우리에게 기다릴 필요를 없게 만들고 빠르게 원하는 것을 제공한다. 하지만 인간의 사랑은 전혀 다르다. 마치 오래된 기계처럼 느리고 비생산적이기도 하다. 그럼에도 우리가 그걸 감수하며 기쁘게 사랑을 다시 시작하는 이유가 뭘까? "아프고 힘들어도 기다리며 불편을 감수할 가치가 있기 때문이다."

사랑은 편리함과 쾌적한 환경을 추구하는 것이 아니기 때문에 우리를 어디에서든 견딜 수 있게 해 준다. 다시 말해 인간을 인간답게 만들고, 자기 고유의 빛을 발산하게 돕는 것이다. 죽어 가면서도 여전히 주어진 일에 최선을 다하는 이유는 그 안에 여전히 뜨거운 사랑이 가득하기 때문이 아닐까?

여기에서 이야기를 마치려고 했지만 그는 "꼭 하나 전하고 싶어."라는 말과 함께 매우 현실적인 조언을 하나 전했다.

"죽는 생각은 태어날 때부터 하는 거지, 꼭 암에 걸려야 하는 건가? 늘 죽음을 생각하며 살아 봐. 그럼 인생이 더 농밀해지지."

현실을 제대로 반영한 조언이다. 그럼 이제 남은 건 실천이다.

"나는 무엇을 남길 것인가?"

매일 자신에게 이렇게 질문하며 자신만의 가치를 찾아내라.

"내게는 삶의 마지막 순간까지 해야 할 일이 있는가?

만약 그게 없다면 왜 당장 찾지 않는가?

있다면 그걸 왜 맹렬하게 실천하지 않는가?"

성장하는 삶의 무기가 되는 질문

요한 볼프강 폰 괴테 Johann Wolfgang von Goethe

생명은 왜
아름다운가?

　'경탄'이라는 지적 도구를 내가 책의 가장 마지막에 배치한 데는 나름의 이유가 있다. 가장 귀하고 귀한 것이라서 가장 마지막 단계에서만 이해하고 자신의 것으로 만들 역량을 가질 수 있기 때문이다. 또한 경탄을 소개해 줄 사람으로 '괴테'를 선택한 이유도 따로 있다. 경탄이라는 개념에 접근하려면 먼저 생명의 소중함을 느낄 수 있어야 하며, 실제로 사랑과 경험으로 가득한 삶을 살았던 사람만이 누군가에게 경탄에 대해 완벽하게 설명할 수 있기 때문이다. 더구나 괴테는 실제로 내가 쓴 책에 막대한 영향을 준 대문호라서 우리 사이에 존재하는 특별한 에너지가 경탄을 전하는 데 큰 장점이 될 수 있을 거라고 생각했다.

"물은 어디로 흐르는가?"

문득 그가 내게 물었다. 지금까지 받은 질문 중 가장 답하기 쉬운 질문이라 기쁜 마음으로 응수했다.

"당연히 위에서 아래로 흐르죠."

괴테는 자세를 고쳐 앉으며 다시 물었다.

"한겨울에 고드름은 지붕에서 어떤 방향으로 만들어지는가?"

"마찬가지로 위에서 시작해 아래를 향하죠."

그제야 그는 감고 있던 눈을 뜨며 이렇게 말했다.

"자네 말이 다 맞아. 그건 과학이라고 부르기도 힘들 정도로 매우 자연스러운 현상이지. 높은 곳에서 낮은 곳으로, 위에서 아래를 향하는 것은 중력의 영향을 받고 있다는 증거야. 그러나 그걸 거부하는 것들이 있으니 바로 자연이라는 존재야. 정말 놀라운 사실은 그걸 확인하기 위해서 굳이 멀리 산으로 나갈 필요도 없다는 거야. 산책을 하며 주변 곳곳에서 피어난 꽃을 봐. 모든 식물이 아래에서 위로 올라가잖아. 쉽게 말해서 그것들은 자신의 힘으로 중력을 거슬러 올라가 세상의 중심에 자신을 세우는 거야. 아, 정말 대단하지 않아?"

겨울이면 피어나는 고드름 역시 마찬가지다. 아무도 지켜보거나 응원하지 않지만 자신을 독려해 해내고야 만다. 모든 것이 힘을 잃고 위에서 아래로 혹은 높은 곳에서 낮은 곳으로 내려갈 때,

자연이라는 생명은 자신의 의지를 드러내며 하늘을 향해 솟아오른다. 괴테는 그 모습을 바라보며 "생명은 참 아름다워, 아름답지 않아? 내 말이 틀려?"라고 오히려 되묻는다.

> "자네가 《사색이 자본이다('매일 인문학 공부'로 개정판이 나옴)》라는 책에서도 충분히 언급했지만, 경탄이란 '인간이 무언가를 보고 느낄 수 있는 최상의 경지'라고 볼 수 있다네, 독서도 마찬가지야. 우리는 항상 경탄할 수 있는 책만 읽어야 하지. 그 시작은 바로 자연에 존재한다네."

그의 경탄하는 모습은 마치 어떤 억압에도 포기하지 않는 자연의 의지와도 닮았다. 인생도 마찬가지다. 우리에게 주어진 삶이 힘들지만 그럼에도 살아가야 하는 이유는 생명이라는 고귀한 것을 우리가 가지고 있기 때문이다.

"좋은 지적이야. 그렇기 때문에 더욱 자연을 보며 비트겐슈타인(Wittgenstein)이 남긴 '내 언어의 한계가 곧 내 세계의 한계'라는 말을 기억할 필요가 있어."

"저도 참 좋아하는 말입니다."

"그렇군, 자네도 좋아할 줄 알았어. 우린 통하는 게 많으니까. 그게 바로 예술성을 지닌 사람들의 특권이지. '꽃을 주는 것은 자연이고, 그 꽃을 엮어 화환을 만드는 것은 예술'이라는 말을 남긴 것도 거기에 이유가 있다네."

그는 한참을 허공을 바라보다가 다시 말을 이었다. 나는 마치 하늘에서 눈이 내리는 모습을 바라보며 환희에 찬 아이가 된 것처럼, 그가 던지는 말을 내면에 담느라 정신을 차릴 수 없을 정도였다.

"타인을 자기 자신처럼 존경할 수 있고, 또 자기가 하고 싶다고 생각하는 것을 타인에게 할 수 있다면, 그 사람은 참된 사랑을 알고 있는 사람이지. 그런 사람들이 쓰지 않는 표현이 있어. '절대로 그럴 수는 없지.', '그건 반드시 이렇게 해야지.', '다른 방법은 절대 불가능해.' 우리는 가끔 입버릇처럼 이렇게 '절대'를 강조하며 스스로 가능성을 제한하지만 그들은 그런 어리석은 표현을 아예 사용하지 않는다네. 그건 스스로 자신의 가능성을 막는 일이니까."

죽음이 가까워진 어느 날 당신은 자신이 지금까지 남발한 그 '절대'라는 말이 얼마나 바보 같은 말이었는지 깨닫게 될 것이다. 평생 경탄하며 살았던 그도 이에 동의하며 "삶의 방식에 '절대'는 없다. 행복과 기쁨을 추구하는 방식에도, 고통에서 벗어나는 방법에도 모두에게 통용된 절대적인 것은 존재하지 않는다."라고 강조한다. 오직 하나, '나만의 방식'만이 존재할 뿐이다.

"나만의 방식을 가진 사람은 뭐가 다를까? 자신을 향한 믿음의 강도가 남들과 전혀 다른 삶을 살게 되지. 그건 매우 중요한 문제야. 자신을 믿지 못하는 순간, 그를 둘러싼 모든 사람은 그의 적으로 변하기 때문이지. 실제로 그들이 적으로 바뀌는 게 아니라, 자신을 믿지 못하는 그 약한 마음이 혼자서 오해를 하며 그들이 사신을 적으로 돌렸다고 착각하는 거니까. '왜 내게 그런 말을 한 거지?', '표정이 약간 이상했는데!', '날 무시하는 눈빛 아니었나?' 그렇게 불안한 마음이 그의 정신을 지배하게 되는 거야."

사회생활을 해 본 사람이라면 공감할 수밖에 없는 조언이다. 내면이 약해지면 모두가 적이고, 내면이 강해지면 모두가 나를 돕는 동료다. 자꾸만 인상을 쓰며 큰소리를 치고 허풍만 늘어놓는 사람의 내면은 부모를 잃어버린 아이처럼 벌벌 떨고 있을 가능성이 높다. 모두가 자신을 적으로 돌린 것 같아서 불안한 마음에 강인한 척을 하는 것이기 때문이다. 내면이 탄탄한 사람은 자신의 내면이 강하다는 증명을 스스로 할 필요가 없다. 이미 자신이 가장 잘 알고 있으니까. 우리에게 필요한 건 바로 자신을 향한 믿음이다.

그게 무엇이든 자신에게 맞는 삶의 방식이라면 용기를 갖고 그길을 걸어가야 한다. 끝없이 자신의 생명을 하늘로 펼치는 자연을 바라보며 상승하는 '생명의 언어'를 배워서 자신의 것으로 만들어야 한다. 이를 통해 우리는 자신의 세계를 자연처럼 확장할 수 있다. 경탄은 거기에서 시작한다. 상상만으로도 근사한 기분이 우리의 일상을 아름답게 칠하는 기분이 들지 않는가? 삶이 힘들 때마다, 고정관념이 당신을 움직이지 못하게 막을 때마다 자연을 보라. 생명이 왜 아름다운지 깨닫는 순간, 당신은 자신을 옥죄는 모든 틀에서 자유를 즐길 것이다. 사소한 것에서도 경탄할 것을 발견하는 내적 역량을 가지는 순간 우리가 품고 있는 성장 에너지와 가능성도 끝없이 확장하며 어제보다 조금 더 아름다워진다.

어제 본 태양은 오늘 뜬 태양과
무엇이 다른가?

일주일 내내 그가 내게 써 주고 떠난 한 장의 종이를 바라보며 사색에 잠겨 있었다. 긴 글은 아니었다. 딱 한 줄의 글이었으니까.

"한 가닥 머리카락조차도 그 그림자를 던진다."

경탄하는 일상을 보내고 싶다면 꼭 명심해야 한다며 그가 직접 써 준 글을 읽으며 수많은 생각을 하게 되었다. 일주일 만에 나타난 그는 나를 보자마자 질문부터 시작했다.

"자네도 여행을 좋아하지? 왜 여행을 떠나지?"

"음, 그 이유까지 생각한 적은 별로 없는데. 견문을 넓히고 더 많은 것을 받아들이기 위해서가 아닐까요?"

"좋은 말이야, 하지만 단서가 하나 필요하지. '어디를 가나 하늘이 푸르다는 사실을 알기 위해서 여행을 떠날 필요는 없다.'라는 거야. 중요한 말이니 잘 듣게나. 하늘은 필요할 때마다 우리에게 은혜를 베풀어 주지. 다만 신속히 그것을 포착하는 사람은 운명을 개척하는 거고, 반대로 스쳐 지나가면 안타깝게도 자기 운명을 바꿀 가장 근사한 시기를 놓치게 되는 거야."

그러면서 그는 이런 이야기를 들려주었다. 1544년 일본에서 조총을 '자력'으로 만든다. '자력'이라는 표현을 굳이 사용한 이유가 뭘까? 일본에 조총이 전해진 것은 우연이었다. 표류하던 포르투갈 상인에 의해 전해졌기 때문이다. 당시 조총을 처음 본 영주는 이전에는 본 적 없는 조총 특유의 장점에 반해 바로 대장장이에게 조총 제작을 명했지만, 돈과 시간을 아무리 투자해도 쉽게 완성하지 못했다. 조총에는 반드시 나사가 들어가야 하는데 당시 일본에는 그 작은 것을 만들 섬세한 기술이 없었기 때문이다. 문제를 해결할 특단의 대책을 마련했는데, 그 대책이라는 게 놀랍게도 조총 제작 명령을 받은 대장장이가 자신의 딸을 포르투갈 상인에게 시집 보낸 것이었다. "그렇게까지 해야만 하는 건가?"라는 생각이 절로 드는 광경이다. 결국 그렇게 해서 포르투갈로 떠난 그의 딸은 훗날 나사 만드는 기술자를 일본에 데려왔고, 나사 가공법을 배워 조총 제작에 성공할 수 있었다.

이야기를 여기에서 멈추면 깨달음과 의미 부여도 여기에서 끝난다. 같은 것에서도 언제나 미세한 차이를 발견해서 의미를 확장해 내는 그는 이 지점에서 이런 질문을 던질 필요가 있다고 말했다.

"왜 동양에는 없던 나사가 서양에서는 발달한 걸까?"

"글쎄요, 그건 정말 생각해 본 적이 없어서요."

"그래, 그럴 수 있지. 답은 간단해. 서양 사람들이 포도주를 마셨기 때문이야."

그 이유를 묻는 내게 괴테는 포도주와 나사가 동시에 발달한 이유와 그 과정에 대해서 이렇게 설명했다.

"포도주를 만들려면 기본적으로 포도를 짜야 하잖아. 나사를 통해 돌려서 짜야 하니 자연스럽게 나사를 만드는 정교한 기술이 발달했지. 그게 끝이 아니야. 작은 이 나사 하나가 정밀한 시계의 부속품으로 그 의미를 바꿔서 자리를 차지하게 되니까. 못의 머리 부분에 십자 무늬를 새기면 어떻게 되지? 맞아. 나사가 되는 거야. 그 발명 하나가 이렇게 전 세계를 바꿔 놓은 거야."

이렇게 발상을 바꾸다 보면 정말 압도적인 사실을 하나 깨닫게 된다.

"크게 보면 아무것도 할 것이 없지만, 작게 보면 여기저기 할 수 있는 일이 많다."

그게 바로 다르게 바라보는 힘에서 나온 결과다. 모든 것은 다르다는 생각으로 주변을 바라보면 모든 사물과 생명이 다르게 빛난다는 사실을 알게 된다. 단 1초도 일치하거나 같은 것이 없다. 예를 들어 '보다'와 '뜨다'라는 표현 사이에는 '광활한 우주'가 존재한다. 태양은 '뜨기' 때문에 매일 미세하게 다른 지점으로 이동하고, 인간은 '보기' 때문에 하나의 지점을 선택할 수밖에 없다. 결국 인간은 매일 다른 곳에 있는 태양을 보게 되는 셈이다. 100년이 아니라 1,000년을 살아도 인간은 같은 태양을 볼 수 없다. 그렇게 우리가 매일 다른 태양을 바라보고 있다는 사실을 인식하면 비로소 작은 변화의 힘을 실감할 수 있다. 수많은 사람이 지금도 태양을 바라보고 있지만 모두에게 같은 태양은 하나도 없는 거다. 이 부분에서 그는 마치 방금 방학식을 마치고 집에 돌아온 소년처럼 기쁜 표정으로 이렇게 외쳤다.

"이 사실을 깨달았는데 어떻게 가슴이 뛰지 않을 수가 있을까? 이 얼마나 아름다운 일인가! 그래서 내가 《파우스트》에서 마지막에 '인간은 노력하는 한 방황한다.'라고 쓴 거라네. 찾고 경탄하고, 길을 잃고 다시 발견하고, 그걸 반복하며 사는 게 아름답지."

많은 사람이 이미 알고 있는 말이지만, '자살'을 거꾸로 읽으면 '살자'가 된다. 이건 그저 말장난이 아니다. 반대로 바라보고 거꾸로 보면 아주 작은 부분에서 다른 점이 보인다. '경력'이라는 말도 거꾸로 읽으면 '역경'이라는 전혀 다른 뜻이 된다. 그러나 이 두 단어는 서로 이렇게 통한다. "역경을 통해서만, 우리는 경력을 쌓을 수 있다." 알고 나면 아무것도 아닌 것처럼 느껴지지만, 처음 깨닫는 게 매우 힘들고 어렵다. 세상에 같은 것은 하나도 없으니 무엇을 보고 느끼든 늘 섬세한 시선으로 바라보라. 섬세한 시선이 우리가 사는 세상을 더 풍요롭게 만드니까.

자고 나면 빠져 있는 머리카락을
본 적이 있는가?

슬프지만 나이가 들면 아침에 일어날 때마다 저절로 드는 생각
이다. '또 이렇게나 많은 머리카락이 빠졌구나.', '아, 이러다가 머
리카락 다 빠지겠다.', '대체 그 풍성했던 머리카락은 다 어디로 갔
나?' 가끔 그런 생각에 잠겨 나이 들었다는 사실을 절감하며 남은
머리카락처럼 줄어든 살아갈 나날을 걱정하곤 한다. 하지만 그의
의견은 조금 달랐다. 정작 더 걱정해야 할 것은 눈에 보이는 '머리
카락의 탈락'이 아니라 '생각의 탈락'이라는 것이다.

"요즘 내가 고유명사를 자주 잊어버려. 예전에는 생각도 못한
상황이지. 예전에 늘 가장 적절한 단어를 찾아서 썼다면, 이제는
그저 먼저 생각나는 단어를 발음할 뿐이야."

그러면서 그는 현재 자신이 느끼는 고통의 무늬도 선명하게 보여 줬다. "에이, 괴테 당신의 언어 활용 능력을 누가 따라가겠어요. 여전히 최고의 지성을 보여 주고 계시잖아요." 하고 내가 말하자 그는 손사래를 침과 동시에 강하게 부정하며 응수했다.

　"다 옛날이야기야. 이제는 단어도 머리카락처럼 아침에 일어나면 다 빠져 있어. 머리카락 빠지는 일은 슬픈 것도 아니야. 단어가 빠져나가는 게 정말 힘들고 아픈 일이지."

　이해하지 못할 부분도 아니었다. 나이가 들면 자꾸만 머리와 입이 따로 놀면서 생각과 다른 이야기가 나오게 되니까. 그도 마찬가지여서 실제로 과거에 글쓰기나 대화를 할 때 1만 단어를 가지고 임했다면, 지금은 겨우 1천 단어를 가지고 쓰고 있다고 고백했다. 표현의 자유가 10분의 1로 위축된 삶을 살고 있는 것이다.

　사라지는 것들에 애잔한 마음을 담아 그는 이런 이야기를 들려줬다.

　"그 사람이 자주 사용하는 언어가 모여 결국 그 사람이라는 하나의 세계를 완성하는 거잖아. 우리가 더 늙기 전에 언어를 아름답게 써야 하는 이유가 거기에 있어. 단어를 모두 잃어 가장 먼저 떠오르는 단어를 선택해야만 하는 늙은 나날이 오기 전에, 그러니까 생각난 10개의 단어 중 하나를 고를 언어적인 여유가 있을 때 가장 아름답고 생기 있는 언어를 구사하며 살아야 하는 거야. 할 수 있을 때 하지 않으면 나중에는 기회가 주어지지 않아."

"단어를 대하는 당신의 생각이 참으로 멋지고 뛰어나다는 생각을 하지 않을 수가 없네요."

"자네도 그런 삶을 살고 싶다면, 다음 3가지 조언을 꼭 기억해 주면 좋겠네. 지금 네 곁에 있는 사람, 네가 자주 가는 곳, 네가 읽는 책들이 너를 말해 준다는 근사한 사실을 말이야."

그의 조언이 참 아름답다. 당신이 가장 젊을 때 그러니까 바로 지금 가지고 있는 것을 더 소중하게 대하라는 말이기 때문이다. 가난과 슬픔이 전부라면 그것마저도 귀하게 여기며 함께 살아야 한다. 없는 것을 요청하며 현실을 부정하기보다는 있는 것을 제대로 활용하며 무언가를 창조하는 것이 아름답다는 사실을 다시금 깨달았다. 그는 다시 이렇게 말을 덧붙였다.

"이웃과 사귈 때, 그들에게 현재 상태에 걸맞은 태도로 대하는 것은 그들을 더 나쁘게 하는 거라네. 그들을 실제보다 뛰어난 사람으로 대함으로써 우리는 그들을 보다 나은 인물로 만들 수 있으니까. 그래서 언어가 정말 중요한 거야. 마법의 주문이라고 말할 수 있지."

그래서 우리는 언제나 자기완성의 길 위에서 걸음을 멈춰서는 안 된다. 스스로 자신의 영혼보다 외부 세계에 대해 더 관심을 가지는 순간, 자신의 걸음을 멈춘 것임을 인식해야 한다. 다만 욕망을 키우는 것은 자기완성으로 향하는 길이 결코 아니라는 사실을 알아야 한다. 우리는 욕망을 억제하면서 더욱 순수하게 자신의 영혼에 접근할 수 있게 된다.

그와 대화를 마치고 나는 이런 시를 쓸 수밖에 없었다. 차분하게 오랫동안 읽어 주기를 바란다.

무슨 일이든 못하면 슬픈 거고

잘하게 되면 감동을 전할 수 있는 거다.

못하면 자꾸 눈물만 흐르는 거고

잘하게 되면 웃을 날이 많아지는 거다.

못하고도 억지로 웃는다고

실제로 실력이 나아지는 것은 아니다.

파이팅만으로 실력은 늘지 않는다.

물론 타인의 위로도 중요하지만

스스로 어제보다 나아지지 않으면

내일의 상황도 달라지지 않는다.

지난 수십 년 동안 나는 자주 울었다.

"나는 왜 이렇게 글을 못 쓰는 걸까?"

"감동을 주는 강연을 왜 하지 못하는 걸까?"

"이런 삶을 언제까지 살아야 하는 건가?"

인생의 진리는 간단하다.

제대로 못할 때는 많이 울어라.

약해서 그런 게 아니라

못해서 눈물이 나는 거니까.

오늘도 분투하는 당신에게

꼭 이런 말을 들려주고 싶다.

"약한 거랑 못하는 건 다른 거야.

그러니 우리 조금만 더 자신을 위해 살자.

정말 잘하고 싶은데

마음대로 되지 않아서

요즘 많이 힘든 거 알아.

하지만 당신은 점점 나아질 거야.

내가 그렇게 믿고 있으니까."

우리는 스스로를 믿은 만큼 나아질 수 있다. 그러므로 존재하는 모든 것에 경탄하고 그것들을 가장 값지게 사용하며 살아야 한다. 다시 처음으로 돌아가 생각해 보자. 아침에 일어나서 빠져나간 자신의 머리카락을 바라보듯 침대에 잃어버린 단어들이 쌓여 있는 것을 본다는 것은 어떤 기분일까? 과거에는 그렇게 자주 썼던 단어를 이제는 생각이 나지 않아서 혹은 잃어버려서 쓸 수 없다는 현실은 언어 활용의 대가라고 불리던 그의 마음을 더욱 아프게 한다. 그는 농담으로 자신을 "나는 이제 '언어의 마술사'가 아니라 '언어의 망각사'가 되어 버렸어."라고 말한다. 분명 그 안에 녹아 있는 마음은 슬플 것이다. 하지만 그는 사라지는 것에 미련을 두지 않는다. 10개 중에 9개가 사라지고 하나만 남는다면 그 하나에 10개를 사랑하던 마음을 모두 쏟으면 된다고 생각하기 때문이다. 사랑은 사라져도 사랑했던 마음은 사라지지 않는 법이니까.

'사물의 쓸모'를
제대로 파악하고 있는가?

"이상형이 어떻게 되나요?"

이런 질문을 받으면 대체로 비슷한 답을 내놓는다. 그러나 질문의 폭을 좁히면 선택도 힘들어진다. 가령 이런 질문을 만났을 때 그렇다. "돈이 많지만 외모가 마음에 들지 않는 사람, 외모는 매우 마음에 들지만 돈이 없는 사람, 이 둘 중 한 사람을 선택하라고 하면 누굴 고를 건가요?"라고 물으면 대부분 한참을 고민하다가 "저는 돈이랑 외모는 별 관심이 없습니다."라는 질문에서 어긋난 답을 하거나 "둘 다 가지면 안 되나요?" 혹은 "둘 다 적당히 있으면 좋겠어요."라는 답을 한다. '적당히'라는 말은 듣기에는 쉽지만 세상을 조금만 살아 보면 '적당히' 있기가 얼마나 힘들고 어려운 건지 알게 된다. 그래서 누군가는 돈을, 다른 누군가는 외모를 선택한 후 오래지 않아 다투거나 성격 차이를 이유로 결별한다. 앞서 언급한 답처럼 외모와 재산에서 벗어난 선택을 하면 진정한 상대의 쓸모를 알게 되며 동시에 자유를 얻을 수 있다. 애초에 외모와 재산을 선택 기준으로 잡은 게 실수다. 좋은 타인을 만나려면 좋은 내가 되어야 하고, '적당히'라는 표현을 만나려면 '온' 힘을 다 써서 분투한 세월이 필요하다. 그렇게 우리는 사람과 사물의 쓸모를 제대로 구분하지 못해서 자주 실수하고 실패한다.

"쓸모 있는 내가 되려면 어떻게 해야 할까?"

그의 질문에 한참을 답하지 못하고 사색에 잠겼다. 언어의 공백을 참지 못하고 그가 먼저 입을 열었다.

"의미를 남긴다는 생각을 버리는 게 좋아."

"보통 우리는 그 사람의 쓸모를 남긴 의미에서 찾지 않나요? 그런데 의미를 남기지 말라는 말씀이 조금 이해가 되지 않습니다."

"그렇지. 그래서 더욱 의미를 남기지 말아야 해. 내 말은 바로 하나도 남기지 말고 있는 모든 쓸모를 다 쓰고 가라는 거니까."

역발상이다. 남아 있을 때의 역할과 책임을 고민하는 사람은 많지만 사라지는 과정과 의미를 고민하는 경우는 드물다. 가치가 없다고 생각하기 때문이다. 그러나 이제 "무엇을 남길 것인가?"라는 문제를 고민하던 시대는 끝났다. 이제는 남기는 것에 의미를 두지 않고 어떻게 하면 더 깨끗하게 사라질 수 있는지를 고민하는 것이 죽음을 앞둔 사람에게 가장 중요한 문제가 되었다. 자신의 쓸모를 다 쓰고 가는 것이다. 그런 의미에서 화장하는 문화도 많이 바뀌었다. 과거에는 누군가가 세상을 떠나면 당연히 땅에 묻고 시신을 남기는 것이 최선이라고 생각했다. 그러나 이제는 아무리 돈이나 땅이 많아도 화장을 하고 최대한 작게 압축해서 납골당에 보관한다. 모두 다 태우고 사라지게 만드는 것이다.

지난 역사에서 인류는 굳이 필요하지 않다고 생각하는 것들까지 애써 쌓아 가는 삶을 살았다. 하지만 이제는 인간다운 삶을 추구하면서 자신에게 정말 필요한 것, 당장 쓸모가 있는 것을 중요시하게 되었다. 무언가를 남긴다는 것 자체가 그다지 중요한 행위로 느껴지지 않게 된 것이다. 남기는 것이 아니라 모든 것을 다 쓰거나 활용한 후에 자연스럽게 사라지는 것이 오히려 더 큰 배려인 세상에 살고 있다. 그런 현상에 대해 괴테는 매우 적절한 예를 들어 이렇게 설명했다.

"건축에서 가설은 매우 중요하지. 시작을 알리는 신호라고 볼 수 있으니까. 하지만 어떤 훌륭한 가설도 건물이 완성되면 제거되는 발판에 불과한 거야. 어때? 쉽게 이해가 되지. 가설에 불과한 것에 목숨을 걸고 있으면 되겠어? 사물의 쓸모를 제대로 볼 수 있어야 그걸 제대로 파악할 수 있다네."

쓸모가 전혀 없는 것들에 자신의 공간을 빼앗기는 것보다는 자신이 실제로 필요한 것들로 공간을 채우는, 실용성을 추구하는 시대가 되고 있다는 그의 말에 공감하지 않을 수 없다. 이제는 굳이 필요하지 않은 것들을 규칙이나 예절이라는 이유로 쌓아 두지 않는다. 버리고 삭제하면서 사물의 가치와 삶의 목적은 더욱 선명해진다. 인간의 욕심과 경쟁심도 모두 그 안에서 해석이 가능하다. 왜 권력을 가진 사람들은 자꾸만 "좋은 세상을 만들고 싶다." 고 말하는 걸까? 진실로 더 좋은 세상을 만들고 싶다는 사람들은 굳이 권력이나 명성을 바라거나 추구하지 않는다. 이유는 간단하다. 아름다운 세상을 소망하는 그 마음 안에 이미 어떤 권력과 명성도 도달할 수 없는 귀한 가치가 녹아 있기 때문이다. 반대로 권력과 명성을 추구하며 아름다운 세상을 논한다는 것은 진실이 결여된 상태임을 증명한다. 뭐든 진실한 것은 다른 것을 필요로 하지 않는다. 본질을 감싸고 있는 온갖 포장지를 벗겨 내면 결국 변하지 않는 단 하나의 진리를 만나게 된다. 그 안에 모든 쓸모가 집중되어 있다.

쉬이 이해되지 않을 것이다. 나 역시 괴테와의 대화를 수차례 복기하면서 조금씩 이해했기 때문이다. '에이, 조금 더 이해하기 쉽게 설명해 주면 좋았을 텐데.'라고 생각하기보다는 이 부분만큼은, 이해하는 만큼만 마음에 담겠다는 자세로 조금씩 읽길 바란다. 그래야 가치가 있다. 다만 조금이라도 빠르게 내용을 이해하고 싶다면, 우리가 기억해야 할 것은 바로 이것이다.

"확실한 일을 실행할 힘은 누구나 가지고 있다. 그럼 우리에게 남은 것은 바로 이것 '확실한 가치를 보는 눈'과 그걸 담을 '내면의 공간'을 마련하는 일이다. 그게 무엇이든 쓸모를 모두 활용하면 그 대상의 숨겨진 가치를 볼 수 있고, 가장 가볍고 가장 단순한 형태가 아름답다. 가장 진실한 형태이기 때문이다."

누군가의 장점을 찾기 위해
밤을 꼬박 새운 적이 있나?

"누가 세상을 바꿀 수 있을까?"

이런 질문을 던진다면 보통 '정치인', '기업인', '과학자' 등등 다양한 직종에서 일하는 사람들이 호명될 것이다. 하지만 그의 생각은 조금 다르다.

"세상을 바꾸는 사람은 결국 자신의 일을 통해 다른 분야의 일을 발견하고 짐작하는 사람들이지."

"괴테, 당신의 말이 조금 이해하기 어려운데요, 예를 들면 어떤 사람들이라고 말할 수 있을까요?"

"쉽게 말해서 물리를 전공한 사람이 문학에 관심을 갖고, 거꾸로 문학을 전공한 사람이 과학에 관심을 가질 때, 지금까지 세상에 존재했던 원칙과 룰이 깨지면서 새로운 질서가 하나 세워진다고 말할 수 있지. 자네도 물리를 전공하고 지금 문학을 하고 있으니 세상을 바꾸는 데 일조하고 있는 셈이지."

그는 다시 '경탄'이라는 키워드로 눈을 옮겼다.

"우리가 '경탄'이라는 감각을 갖기 위해 노력하는 이유는 무엇일까? 다양한 이유가 있겠지만 가장 중요한 것 중 하나는 타인의 장점을 발견하기 위해서야."

"그럼 그 수준에 도달하려면 어떻게 해야 할까요?"

"타인의 장점을 발견하려면 글 쓰는 삶을 시작하는 게 가장 좋지. 그런 점에서 SNS는 정말 멋진 수단이야. 하지만 잘 이루어지지 않고 있어. 글 자체에 신경을 쓰기보다는 구독자 숫자나 조회수를 늘리는 데에만 관심을 두기 때문이야. 암울한 일이지. 타인의 장점을 발견하기보다는 자신의 작은 장점을 알리려고 SNS를 운영하고 있으니까."

고개를 끄덕이고 있는 내게 그는 다시 이렇게 물었다.

"글을 쓰고 있으니까 아마 잘 알고 있을 거야. 글 쓰는 삶이 왜 타인의 장점을 발견하는 삶과 연결되어 있다고 생각해?"

"좋은 마음을 전하려는 노력을 해야 비로소 글을 쓸 수 있기 때문이 아닐까요?"

"맞아, 바로 그거지. 글을 쓴다는 것은 사실 주변에 있는 사람과 사물 혹은 사건에서 장점을 발견해 내는 작업이지. 아직 남들이 발견하지 못한 장점을 발견한 후 글이라는 텍스트로 변환해서 표현하는 거니까. 그런데 내가 아무리 글을 쓰라고 애걸복걸을 해도 말을 듣지 않아. 결국 다들 쓰지 않고 살았고, 나만 이렇게 오늘도 글을 쓰고 있지. 쓰는 삶이 결코 쉬운 게 아니야. 타인의 장점을 발견한다는 것이 생각처럼 쉬운 일이 아니기 때문이지. 다들 자기 자랑만 하려고 하니까 그러니까 안 쓰는 거겠지. 그런데 반대로 생각해 봐. 왜 글쓰기가 인간이 가진 최고의 경쟁력이겠어. 바로 이거야. 아무도 하지 않고 있거든."

세상을 바꾸는 경탄의 눈을 갖기 위해서 우리는 무엇을 해야 하는 걸까? 모든 내용을 종합해서 그가 내민 결론은 바로 이것이다.

"타인의 장점을 찾고, 그 안에 녹아 있는 가치와 생산성을 파악할 줄 알아야 한다. 늘 남의 좋은 점을 발견하려고 노력하며 남을 칭찬할 줄도 알아야 한다. 그것은 남을 자기와 동등한 인격으로 생각한다는 의미를 갖는 것이기 때문이다."

그는 다시 물었다.

"경탄의 시각에서 누가 가장 행복한 사람인가?"

"무언가를 발견하는 사람일까요?"

"아니지. 남의 장점을 존중해 주고 남의 기쁨을 자기의 것인 양 기뻐하는 자가 바로 가장 행복한 자라네. 그들의 일상에는 경탄이 끊이지 않을 테니까."

"지금도 타인을 비난하고 평가만 하려는 사람들에게 조언을 해주신다면 어떤 말씀을 하실 수 있을까요?"

"좋은 제안이네! 누구나 자기가 최고라고 생각하지. 그래서 많은 사람들이 이미 경험한 선배의 지혜를 빌리지 않고, 반복해서 실패하며 눈이 떠질 때까지 헤매곤 한다네. 세상에 이보다 어리석은 짓이 또 있을까? 뒤에 가는 사람은 먼저 간 사람의 경험을 이용해야 하네. 그래야 같은 실패와 시간 낭비를 되풀이하지 않고 그것을 넘어서 한 걸음 더 나아갈 수 있지 않겠나. 선배들의 경험을 활용하는 것, 그것을 가장 잘 활용하는 사람이 지혜로운 사람인 거야."

모든 상황에서 단점이 아닌 장점을, 비난할 부분이 아닌 칭찬할 부분을 찾으려고 노력할 때 우리는 더 나은 생각을 할 수 있다는 것이다. 돼지 역시 마찬가지다. 우리는 돼지를 무시하거나 얕보는 식으로 '욕심이 많아 살이 찐 돼지'라고 표현하지만, 관점을 조금 바꿔 장점을 보려고 노력하면 그런 시선은 돼지 입장에서 억울할 수 있다. 돼지의 다리가 유독 짧다는 단점 때문에 상대적으로 뚱뚱하게 느껴지는 것이지, 다른 동물에 비해서 그다지 뚱뚱한 편은 아니기 때문이다.

장점을 찾으려고 노력하면 이전에는 볼 수 없었던 새로운 것들
이 보인다. 단점은 찾기 쉽다. 아니, 굳이 찾을 필요도 없다. 드러
나기 때문이다. 또한 이미 많은 사람이 찾았기 때문에 내가 또 찾
는다고 달라질 것도 없다. 하지만 장점은 다르다. 깊은 곳에 숨어
있기 때문에 찾아야 보이고, 그래서 본인조차 자신의 장점을 모르
는 경우도 있다. 누군가의 장점을 찾아주는 것은 그 사람의 인생
을 살리는 일이며, 좋은 것을 발견하는 자신의 안목을 길러 경탄
의 경지에 도달할 수 있게 돕는 일이기도 하다. 그간 세상과 사람
을 바라보며 던진 질문의 방향을 바꾸면 쉽게 장점을 발견할 수
있다.

타인과 세상의 장점을 발굴해서 자신의 경쟁력으로 삼는 사람
들의 질문은 그걸 할 줄 모르는 사람과 다르다. 장점을 발견하지
못하는 사람들은 괴테를 대할 때 '젊은 시절에 갑자기 나온 《젊은
베르테르의 슬픔》 덕분에 유명해진 사람'이라는 고정관념에서 멈
추지만, 전자는 이렇게 근사한 질문을 통해 그 사람의 경쟁력과
장점을 동시에 발견한다.

"대체 어떻게 썼기에 단 한 권의 책으로 그렇게 유명해질 수 있
었는가?"

그렇게 장점을 찾아내는 질문을 시작하면, '괴테의 삶은 창조적
질문의 반복'이었고, '아이에게도 배워야 한다는 말은 내뱉기는 쉽

지만 그처럼 일상에서 실천하기는 어렵다.'는 사실까지 알 수 있게 된다. 언제나 타인과 다른 세상의 장점을 발견하라. 거기에 경탄할 수 있는 단계로 넘어갈 무기와 재료가 가득하다.

내면의 아름다움을 유지하기 위한
자신만의 방법이 있는가?

아무리 내면이 탄탄하고 지적으로 뛰어난 사람도 어떤 의식도 하지 않고 그대로 방치하면, 비천하며 수준 낮은 것에 만족해 버리게 된다. 수준 높은 것들은 굳이 그럴 필요가 없어 움직이지 않으나, 낮은 수준의 것은 스스로 찾아올 정도의 가치가 없어 누군가를 유혹하기 위해 애를 쓰기 때문이다. 평생 수준 높은 가치를 추구하며 자신의 의식 성장을 위해 분투한 괴테는 왜 내면의 아름다움을 유지해야 하는지 이렇게 설명한다.

"우리 인간의 정신과 감각도 아름다운 것과 완전한 것이 발하는 인상에 대해, 둔감해질 위험이 매우 높기 때문에 늘 그걸 잃지 않기 위해서 주의를 기울여야 하지."

그래서 그가 강조한 것이 있으니, 인간은 모든 방법을 동원해서 아름다운 것들을 느낄 감각이 사라지지 않도록 노력해야 한다는 것이다.

그가 남긴 조언은 매우 간단하다. 우리가 일상에서 내면의 가치를 빛내기 위해 쉽게 할 수 있는 것들이니 꼭 기억하길 바란다. 그는 매일 잊지 않고 반복해야 한다는 사실을 강조하며 다음 4가지 사항을 당부한다.

"하나는 매일 적어도 한 곡의 짧은 노래라도 감상해야 한다는 것이라네. 음악은 서로 강력하게 맞물려 있는 최고의 예술이니까. 또 하나는 좋은 시 한 편을 읽고 사색하는 시간을 가져야 한다는 것이지. 그로 인해 우리의 내면은 자연과 가장 가까운 상태가 된다 네. 그리고 스스로 생각할 때 훌륭한 그림(풍경)을 감상하는 것과 가능하다면 몇 마디라도 아름다운 말을 해 보는 연습을 하는 것이 필요하네. 그래야 좋은 음악을 듣고 아름다운 시와 그림을 감상하 며 얻은 지성과 아름다운 영감이 입 안에 머물러 그 사람만의 향기 로 남기 때문이지."

세상의 지식을 많이 아는 사람이 아닌, 자신에 대해서 많이 아는 사람이 되자. 음악과 시, 그리고 그림과 아름다운 언어가 그대 자신을 더 잘 알게 도와줄 것이며, 내면이라는 깊은 강에 아름다움을 더할 것이다. 그리고 그는 '내면을 탄탄하게 해 줄 세상에서 가장 힘센 문장'을 알고 있다며 소개를 해 줬다. 한 사람이 성취한 것이라고 믿을 수 없을 정도로 다방면에서 위대한 결과를 냈던 대문호 괴테의 말이라 더욱 귀한 가치가 있으니 마음에 담겠다는 생각으로 읽어 주기를 바란다.

"내 생각에는 매우 강력한 힘이 있다. 별이 하늘에서 떨어진 이유에 대해서, 한마디로 말하자면 '내가 원해서'다."

어떤가? 나는 그의 이 말을 정말 좋아한다. 생각과 언어의 힘을 강력하게 믿는 그의 태도와 지성이 그대로 전해지기 때문이다. 세상은 언제나 연약한 우리의 내면을 흔든다. 그러나 누구보다 강한 자존감의 소유자였던 그의 삶은, 작은 바람에도 흔들리는 우리에게 이렇게 조언한다.

"사람은 자신이 품은 생각의 크기만큼 성취하는 법이지. 그러므로 사소한 일에 하나하나 반응하지 말게. 그런 것들은 자네를 흔들 정도로 가치 있는 것이 아니니까."

물론 정말 쉬운 일은 아니다. 그래서 더욱 이 험한 세상에서 중심을 잡고 살기 위해서는, '내가 원하면 하늘의 별도 떨어지게 만들 수 있다.'는, 강력한 생각의 힘을 갖고 세상을 상대해야 한다. 나라의 수준이 낮다고 불평하지 말고, 주변 환경이 열악하다고 포기하지 말고, '내가 이 나라의 수준을 몇 단계 끌어올리겠다.'라는, 강력한 생각으로 주어진 하루를 경영해야 한다.

"적당한 수준의 생각으로는 낮은 자존감을 극복할 수 없기 때문이라네. 적당한 수준의 생각에는 그럴 힘이 없기 때문이지. 오늘 가진 내 자존감의 두께는, 어제까지 내가 한 생각의 크기가 결정한다는 사실을 잊지 말게."

생각은 연약한 자존감을 강하게 할, 가장 쉽지만 현명한 방법이다. 누구도 나를 흔들 수 없다. 오직 내 생각만 나를 흔들 수 있다. 또한, 지금 이 순간에도 그 기회가 그대를 스쳐 지나고 있다. 자존감의 두께를 바꿀 수 있는, 근사한 기회를 놓치지 마라.

기회는 하늘이 내리지만, 붙잡는 건 나의 몫이다.

햇살은 하늘이 내리지만, 빛나는 건 나의 몫이다.

나는 나를 빛낼 수 있다.

아니, 나만 나를 빛낼 수 있다.

나는 지난 20년 동안 괴테와의 상상 속 대화를 통해, 영혼을 담아 무언가를 창조한다는 것은, 그리하여 경탄을 일상에 담으려면 폭포의 삶을 살아야 한다는 사실을 깨달았다. 폭포와 분수는 위에서 아래로 물이 떨어진다는 사실은 같지만 그 본질은 매우 다르다. 괴테는 분수의 삶을 경계한다.

"이유는 간단하지. 아무리 근사한 곡선을 그리는 분수라고 할지라도, 전원을 공급하는 선을 뽑으면 바로 중단되기 때문이라네."

그것은 마케팅일 수도 거대한 자본일 수도 있다. 그러나 자연이 움직이는 영원한 동력인 폭포는 다르다. 누구도 자연의 전원은 중단시킬 수 없다. 온갖 마케팅을 실시할 때 콘텐츠는 움직인다. 돈과 권력 등 각종 외부 자극에 반응하는 것이다. 그러나 대부분의 콘텐츠가 마케팅을 중단하는 것과 동시에 작동을 멈추지만, 영혼을 담아 창조한 것에는 자연의 힘이 깃들어 있기 때문에 아무리 선을 뽑아도 어제처럼 계속 돌아간다. 과학자, 작가, 장관, 화가, 그리고 극장의 대표 등 평생 다양한 영역에서 콘텐츠를 창조하며 그것들을 세계 곳곳에 성공적으로 전파한 크리에이터 괴테는 자연과 경탄, 그리고 콘텐츠를 하나로 이렇게 엮어냈다.

"당신이 무엇을 하든 콘텐츠가 스스로 움직이게 하라. 콘텐츠 자신이 스스로를 추천할 수 있게 하라. 그대가 먼저 영원히 멈추지 않고, 세상을 위해 돌아가는 자연이 되어라. 자연에게 마케팅을 맡겨라."

이 모든 삶이 결국 아름다운 내면과 하나로 연결되어 있다. 글로는 짧지만 이 글을 쓰기 위해 나는 20년을 투자해야만 했고, 그 모든 깨달음을 다시 시로 바꿔서 표현하니 괴테의 삶에 접속한다는 마음으로 읽는다면 당신도 경탄의 길로 들어설 수 있게 될 것이다.

무언가를 배우고 깨우칠수록,
한 사람의 지적인 삶을 망치는
가장 위험한 말은 이것이다.
"나는 이미 그걸 알고 있다."

이미 알고 있다는 사실은
이제는 눈을 뜨지 않고
아는 것만으로 판단하고
생각은 하지 않겠다는 사실을
증명하는 것이기 때문이다.

당신이 스스로 안다고 생각하는 동안

어떤 위대한 스승이 곁에 있어도

아무것도 배울 수 없게 될 것이다.

스스로 안다는 생각이

지성의 눈을 가리기 때문이다.

무언가를 관찰할 때,

같은 사물도 사람에 따라

다른 시간을 투자한다.

10시간을 바라보는 사람도,

1시간을 바라보는 사람도 있다.

그러나 그들은 돌아서며,

"나는 이제 저걸 안다."라고 말한다.

그러나 수십 년을 바라보며 관찰했지만,

"나는 아직 저걸 충분히 알지 못한다."라며

여전히 배우고 관찰하는 사람도 있다.

괴테는 무려 80년이라는 시간을 독서에 투자했지만,

"나는 아직 독서가 뭔지 모른다."라고 말했다.

그는 스스로 모른다고 생각했기에

죽는 날까지 새롭게 태어날 수 있었다.

당신은 무엇을 알고 있는가?

진실로 알고 있는가?

당신이 무엇을 알고 있든,

내가 들려줄 말은 오직 하나다.

"시간이 스승이 되게 하라.

그리고 당신은 그의 학생이 돼라."

사라지는 것들을 위해
두 손 모아 본 적이 있는가?

어릴 때 잠을 청하려고 침대에 누웠는데 갑자기 눈이 내리면 잠이 오질 않았다. 아침에 일어나서 만들 눈사람 생각에 가슴이 떨릴 정도로 기뻤기 때문이다. 제대로 잠도 자지 못하고 퉁퉁 부은 얼굴로 아침에 일어나 눈사람을 만들면 다시 이런 고민에 잠기곤 했다.

'고생해서 만든 이 눈사람이 오랫동안 녹지 않고 곁에 남아 주면 좋겠다.'

'해가 뜨고 온도가 올라가서 오후에 녹으면 어쩌지?'

'녹지 않게 선풍기라도 틀어야 하는 건 아닐까?'

눈사람을 구하기 위한 온갖 생각으로 가득하다가 갑자기 정반대의 것을 소망하기에 이른다. 이유는 간단하다. 너무 추워서 바람이 차가워질수록 이런 희망을 품게 되기 때문이다.

"아, 너무 춥다. 빨리 따뜻한 봄이 오면 좋겠다."

놀랍게도 방금까지 조금 더 오래 남아 있기를 간절하게 바라던 눈사람 바로 옆에서 그런 말을 하게 되는 것이다.

"자네도 그런 적 있지? 지금 생각해 보면 앞뒤가 맞지 않지. 그러나 그게 바로 아이의 마음이야. 눈사람이 사라지지 않기를 바라는 동시에 따뜻한 봄이 빨리 오기를 바라는 마음이 공존하는 것. 아이들의 세계에서나 볼 수 있는 멋진 일이지."

"참 멋진 일이기도 하지만, 조금은 모순적인 상황인데요. 그 모순을 해결하려면 어떻게 해야 할까요?"

사실 해결책이 딱히 있을 리 없었다. 그저 소망하는 것을 모두 이루고 싶은 아이의 마음이기 때문이다. 하지만 그는 매우 중요한 문제라고 말하며 매우 단순하지만 깊고 농밀한 지혜를 담은 해결책을 내놓았다.

"바로 두 손을 모아 온 마음으로 기도하는 거야. 어떤 일은 한 손만으로도 충분히 할 수 있지만 두 손이 꼭 필요한 일이 있으니, 모두가 쉽지 않다고 말하는 이론적으로는 불가능한 것을 온 마음으로 소망할 때가 바로 그때야."

그렇다. 그의 해결책을 들어 보니 동시에 이룰 수 없는 것을 소망하는 일은 어릴 때만 했던 행동이 아니었다. 어른이 되고 나서도 우리는 이룰 수 없는 꿈을 가슴에 품고 모두가 반대하는 소망도 마음에 담고 산다. "너 그게 가능하다고 생각하니?", "논리적으로 힘든 걸 왜 강요하는 거야?" 이렇게 말하는 것은 쉽다. 한 손으로 펜을 잡고 "이건 불가능합니다."라고 쓰면 그걸로 끝이니까. 하지만 그때 희망을 갖고 다른 한 손을 꺼내 두 손으로 기도할 수 있다면 삶은 조금 더 아름답게 빛날 것이다.

"정말 생각해 보니 두 손으로 펜을 잡고 글을 쓰는 사람은 없네요. 불가능한 것을 소망한다는 것은 참 근사한 일이네요. 기도하고 무언가를 소망할 때는 손에 잡은 펜을 놓고 반드시 두 손을 모아야 하니까요."

"그렇지, 참 좋은 말을 했네. 그래서 나는 늘 강조하지. '가끔 포기하고 자주 기도하라.' 우리가 간절한 마음으로 두 손을 모으면, 사라지는 저것들이 조금이라도 더 세상에 남아 자신의 몫을 할 수도 있는 일이니까."

괴테가 자신의 책과 각종 기록에서 늘 강조한 것처럼 순간은 참으로 아름답다. 내가 하고 싶은 것을 위해서 공부하고, 일하고, 노력하는 이 순간이야말로 영원히 나만의 것이라 더욱 아름답다. 그가 문득 자리에서 일어나 마치 전쟁에 나가는 장수처럼 우렁찬 목소리로 이렇게 외쳤다.

"순간이여, 너는 언제나 여기 있으리라. 비록 나는 죽었지만 내가 너와 같이 지낸 과거의 날들은 영원히 사라지지 않으리라."

다시 자리에 앉은 그는 캄캄한 밤에 반짝이는 별처럼 빛나는 눈동자로 나를 응시하며 이렇게 말했다.

"시간이 언제나 자네를 기다리고 있다고 생각하지 말게. 게을리 걸어도 결국 목적지에 도착할 것이라는 생각은 매우 큰 잘못이야. 하루하루 전력을 다하지 않고는 그날의 보람은 없을 것이며, 동시에 최후의 목표에 도달하지 못하게 되니까. 이 모든 과정을 인생에 비유하면 이렇다네. '끝없이 올라가는 모습을 보여 줬다면, 이제는 조용히 내려가는 모습을 보여 줘야 한다.' 매일매일 잘 올라간 사람만이 반대로 매일매일 잘 내려올 수도 있는 것이라네."

생각해 보자. 가장 높은 곳에서 은퇴를 하면, 그 높은 곳에 남아 있는 내가 얼마나 외롭고 쓸쓸하겠는가! 인생은 '정리'하는 것이 아니라 가장 자기다운 형태로 '정돈'하는 것임을 나는 괴테의 조언을 통해 비로소 알게 되었다. 괴테는 자신의 죽음을 통해 사람들

앞에서 펄펄 날아가는 모습만 보여 주는 것이 아니라, 이제는 힘이 없어 현장에도 갈 수 없지만 그럼에도 마른 몸으로 두꺼운 지성의 형상을 보여 주는 것이 인간에게 주어진 아름다운 역할이라는 사실을 알게 되었다. 우리는 누구나 마지막으로 자신이 사라지는 모습을 보며, 자신을 위해 두 손을 모으며 힘껏 응원해 주며 살아야 한다. 힘이 있던 그때도 나였고, 힘이 사라진 지금도 나라는 사실에는 변함이 없으니까. 다 버리고 간다는 것은 아예 사라지는 것이 아니라 자기 삶을 최선을 다해 마지막까지 살았다는 것을 진실하게 보여 주는 것이다.

우리는 마지막으로
무엇을 믿어야 하는가?

하루는 약속 장소에 도착한 그가 주차된 차를 바라보다 내게 물었다.

"인간이 기계와 연료의 힘으로 무섭게 달리는 자동차를 몰고 다닐 수 있는 근본적인 힘은 어디에 있는 걸까?"
"글쎄요, 효율적인 에너지? 그도 아니면 정밀한 기계의 힘?"

하지만 그는 고개를 저으며 "모두 아니다."라고 말하며 그 이유를 이렇게 설명했다.
"혹시 운전할 때 이런 생각을 해 봤나? 무서운 속도로 달리면서 자신 있게 우회전을 하고 때로 좌회전을 할 수 있는 이유는 뭘까? 대체 뭘 믿고 방향을 트는 그 손목에 힘을 실을 수 있는 걸까? 결국 사람을 향한 믿음이야. 주변의 모든 자동차가 신호를 지킬 거라는 '믿음의 대전제'가 있기 때문이지. 서로를 향한 강한 믿음을 기본으로 쌓지 않은 상태에서는 그 빠른 속도로 거리를 달릴 수 없는 거야. 생각해 봐, 신호를 지킨다는 믿음이 없으면 어떻게 가속페달을 밟을 수 있겠어. 인간 목숨은 단 하나인데 그걸 담보로 달리고 있는 거잖아. 그게 다 믿음의 힘이지."

다른 모든 영역에서도 적용이 가능한 말이다. 절대 변하지 않는 대전제가 존재하기 때문에 우리는 그걸 기반으로 삼고 보이지 않는 미래를 향해서 성장할 수 있었다. 물론 간혹 약속한 신호를 지키지 않아 사고도 나지만, 그게 걱정이 되어 움직이지 않는다면 인간은 조금도 성장할 수 없었을 것이다.

"그럼 우리 인간은 앞으로 일상에서 어떤 대전제를 믿고 살아야 하는 걸까요?"

"결국 바로 자연이지. 자연밖에 믿을 게 없는 거야. 누구보다 정직하고 누구보다 성실하기 때문이지. 아무도 바라보지 않아도 겨울은 오고, 누구도 기대하지 않아도 다시 봄은 오잖아."

시대와 그 시대를 살아가는 사람은 변하고 바뀌지만, 그 배경이 되어 주는 자연은 언제나 같은 모습으로 자신의 루틴을 지키며 살아간다. 자연은 거짓말을 하지 않는다. 언제나 0도에 반드시 얼고, 100도에는 끓기 시작한다. 경탄할 수밖에 없는 일은 자연에 집중되어 있다. 결코 기분이나 마음에 따라 바뀌지 않기 때문에 측정할 수 있고 과학의 원리도 발견할 수 있다.

"맞아, 정말 중요한 말을 해 줬네. 수천 년 전이나 지금이나 자연은 같아. 그래서 과학이 힘을 쓰는 거지. 자연이라는 변하지 않는 대상이 각자 다양한 범주를 이루고 있어서, 그걸 기준으로 믿고 다양한 추론과 변주로 창조를 해내는 거니까. 하지만 진실한 눈으로 자연을 보려면 질문이 하나 더 필요해."

"그게 뭔가요?"

"우리는 앞으로 무엇을 바라보며 살아야 한다고 생각하나?"

내가 즉답을 하지 못하고 생각에 잠겨 있자 그가 바로 말을 이었다.

"우리 집에는 언제나 나의 문학을 좋아하는 각계각층 인사들이 모였고, 늘 즐겁게 대화를 나누곤 했지. 그런데 가끔 타인의 흉을 보거나 음담패설을 하는 사람들이 있었어. 그럴 때면 나는 눈을 날카롭게 반짝이면서 가장 엄한 음성으로 이렇게 말했다네. '여러분이 음식 부스러기를 흘리는 것은 괜찮습니다. 그러나 남의 흉이나 음담패설을 흘리는 것만은 용서할 수 없습니다. 그런 더러운 말들은 집에서 모두 주워서 돌아가세요. 흉을 보는 것은 공기를 더럽히는 것입니다.' 내가 왜 그렇게 말했을까?"

아는 것만으로는 충분하지 않다.
이를 적용해야 한다.
의지만으로는 충분하지 않다.
이를 실천에 옮겨야 한다.
당신의 가장 소중한 일들이
사소한 일들에 좌우되어서는 안 된다.

고민하는 내게 그가 직접 써 준 글이다. 다시 나는 삶의 진리를 담고 있는 그의 글에 경탄할 수밖에 없었다. 그가 다시 입을 열었다.

"내가 그들에게 훈계를 한 이유는, 그들이 내뱉은 온갖 나쁜 언어는 내 집에서 사라지지 않고 남아 있기 때문이지. 내가 계속 그것들을 보며 살아야 한다는 말이잖아. 사람에게 가장 중요한 것은 그에게 보이는 것들이야. 아무리 거대한 몸집을 지닌 사람이라고 할지라도 그가 가장 믿고 의지할 것은 체력이 아닌 시력이라는 것이지!"

다시 말하자면 그는 '눈의 인간'이었던 셈이다. 나는 그가 문해

력의 가치와 힘을 알고 있었던 사람이라고 생각한다. 볼 수 있다면 찾을 수 있고, 찾을 수 있다면 바꿀 수도 있다. 본다는 것은 곧 바꾼다는 사실을 의미하기 때문이다. 자연이 아무리 곁에 있어도 그 변화와 가치를 볼 수 없다면 아무런 변화도 일어나지 않는다. 결국 변화의 시작은 보는 것에서 시작하기 때문이다.

이야기는 고독으로 건너뛴다.

"우리는 자연을 믿어야 하고, 그걸 보려면 눈의 인간이 되어야 하지. 그럼 마지막 숙제가 하나 남았군. 눈의 인간이 되려면 어떻게 해야 하나?"

"관찰력과 몰입하는 힘이 필요하지 않을까요?"

"그래, 맞아. 그렇게 되려면 뭐가 필요할까? 바로 이거야. 고독! 혼자서 고독을 즐길 용기가 필요한 거야."

이 부분에서 그는 평소 내가 생각하는 것과 같은 이야기를 전해 줬다. 왜 우리가 고독하기 힘든지 그 이유를 밝히는 것인데 압축해서 설명하면 이렇다. 고독은 외로움과 다르다. 고독이 풀리지 않는 문제를 찾기 위해 스스로 나서서 그것을 맞이하는 것이라면, 외로움은 스스로 나서야 할 때 용기를 내지 못한 자에게 찾아오는 벌이라고 할 수 있다. 그러므로 우리는 인생을 살며 때때로 고독에 잠겨야 한다. 그래야 외로움이라는 벌에서 벗어나 자신의 삶을 살 수 있기 때문이다. 하지만 그게 쉽지 않은 이유는 한국 사회가 개인을 혼자 두지 않으려고 한다는 데 있다.

어린아이가 또래 친구와 함께 있지 않고 혼자서 따로 무언가를 하고 있으면 그 아이가 무엇을 하고 있는지, 왜 그러고 있는지에 관심을 갖기보다는 "왜 혼자 있는 거야? 친구랑 같이 놀아야지."라고 말하며 어떻게든 둘 이상이 되게 만든다. 그 아이는 그때 누구도 발견하지 못한 새로운 과학 이론에 대해 사색하고 있었을 수도 있고, 곧 있을 시험에 대비해서 혼자 계획을 세우고 있었을 수도 있다. 하지만 아이를 무리에 섞으면서 아이의 생각까지도 섞어 모든 가능성과 아이만의 색을 희미하게 만들어 버린 것이다. 술집에서 혼자 술을 마시는 이성을 보면 자꾸만 힐끔거리며 '야, 저 사람 혼자서 술 마시네. 뭐지?', '무슨 일이 있어서 혼자 마시지?'라는 생각을 하면서, 합석을 강요하거나 대화에 속하게 하려는 것도 이와 같다. 어릴 때도 그렇지만 어른이 되어서도 우리는 사람이 혼자 있는 모습을 용납하지 못한다. 자꾸만 무리에 섞고 그 안에서 활동하기를 바란다. 그래서 시간이 지날수록 개인의 색과 힘은 희미해지고 사라진다. 결국 천재로 태어난 아이도, 분명한 자기만의 색을 가진 사람도 모든 것을 다 잃고 무리에 섞여서 무리의 힘을 자신의 힘이라고 착각하며 살게 된다.

고독하려면 큰 용기가 필요하다. 혼자 걸어갈 용기, 혼자 다른 것을 선택할 용기, 혼자 남아서 사색할 용기가 필요하다. 그래야만 이 많은 사람 속에서 자기만의 색을 유지하며 특별한 한 사람으로 살아갈 수 있다. 우리가 그럼에도 고독을 선택해야 하는 이유는 그래야 일상의 보는 훈련을 통해 '눈의 인간'으로 성장할 수 있고, 자연이라는 진실한 벗을 친구로 둘 수 있기 때문이다. 그 길로 가는 과정이 쉽지는 않을 것이다. 포기하고 싶을 때마다 이 말을 기억하면 힘을 낼 수 있다.

일시적인 것에서 벗어나 영원한 것을 보자.

가치 있는 것들은 언제나

영원한 것들 속에만 존재하니까.

그리고 늘 기억하자.

생명은 자연의 가장 아름다운 발명이며,

죽음은 더 많은 생명을 얻기 위한 기교이다.

노력하는 한 우리에게는 늘 기회가 있다.

그러므로 정진하며 달려가라.

서두르지 않고, 그러나 쉬지도 않고.

고개를 숙여 죽음에게 배운
46가지 질문

"그간 내가 했던 수많은 대담과 인터뷰, 책을 참고하면 좋을 거야."

처음 괴테와 톨스토이, 릴케와 니체, 칸트와 쇼펜하우어에게 "당신과 나눈 20년간의 대화를 책으로 내고 싶다."고 말했을 때, 그들이 입을 모아 내게 들려준 이야기다. 책을 내기 가장 쉬운 방법을 알려 준다고 당시 나는 생각했다. 그 후 우리는 정말 오랜 기간 다양한 주제로 이야기를 나눴다. 나는 서서히 깨닫게 되었다. 처음 그가 내게 왜 자신의 과거 기록을 참고하라고 조언했는지. 마음속으로 그는 이런 이야기를 들려주고 있었던 거다.

"내 말과 글은 시간이 아무리 흘러도 변하지 않아. 30년 전에 했던 이야기를 지금도 하고 있지. 다만 듣고 읽는 사람들이 다르게 느끼는 이유는 내가 지금 상황에 맞게 변주를 했기 때문이야. 자네에게 만약 그 능력이 있다면, 내 이야기를 얼마든지 가져가게. 변주할 수 있다면 가질 수도 있으니까."

지난 20년 동안 나는 누구보다 가까이에서 그들을 바라보았고, 내면의 세계에서는 떨어진 적이 없었을 정도로 가까웠다. 20년이라는 인간으로서는 긴 시간 덕분에 나는 그들이 무엇을 바라보고 있으며 어떤 세계를 갈망하는지, 또 "어떻게 살아야 하는가?"라는 문제 앞에서 방황하는 우리에게 무엇을 들려주고 있는지, 그 진실함을 이렇게 기록할 수 있었다. 그 긴 이야기를 한 줄로 표현해 본다.

"그들도 자신의 생명을 바쳤지만,
나도 나의 20년을 바쳤다."

모든 죽음은 최고의 선물이다. 생각하는 것만으로도 인간을 뜨겁게 달아오르게 만들기 때문이다. "내가 죽을 수도 있다."라는 생각은 태어날 때부터 내면에 존재했지만 아직 발견하지 못한, 태양이 이글거리는 듯 강렬하게 퍼지는 자신의 가능성을 처음 확인할 수 있게 만들어 준다.

"세상에! 내 안에 이런 가능성이 있었다니!"

자신의 감정을 선명하게 표현할 줄 아는 작가에게 세상이 정의한 느낌표라는 기호가 쓸모없듯, 죽음을 잠시라도 스친 사람에게는 열정과 사색의 가치를 가르칠 필요가 없다. 스친 죽음의 온기가 이미 세상이 가르칠 수 없는 진귀한 것을 선물했기 때문이다. 그러나 자신의 가능성을 발견하고 확장하기 위해 죽음을 만나는 일은 매우 위험한 선택이다. 그래서 우리에게는 죽음을 직면한 상태에서 그것을 치열하게 관찰하며 생명의 가치를 깨달은 현자들의 지혜가 필요하다.

이 책의 에필로그를 쓰는 동안 나의 영원한 사색 멘토인 이어령 박사가 세상을 떠났다. 그는 자신의 삶이 얼마 남지 않았다는 사실을 알게 된 후 "젊은이는 늙고, 늙으면 죽는다."라는 명쾌한 한 줄의 빛을 꺼내 세상에 전시했다. 그 말을 꼭 기억해 주기를 소망한다. 6명의 멘토 역시 공감할 것이다. 죽음이 그에게 준 마지막 선물이었으니까.

죽는 날이 다가오면 우리는 결국 죽음을 친구처럼 만나며 살게 된다. 6명의 멘토가 우리에게 근사한 삶의 진리를 전해줄 수 있었던 이유가 바로 거기에 있다. 죽음을 친구로 맞이한 경험을 통해 그들은 생명의 신비와 가능성을 배웠다. 후회 없는 지혜로운 삶을 살기 위해서는 무엇이 필요할까? 지금까지 살펴본 것처럼 그들은 우리에게 46가지의 질문을 던졌다. 평생 지적인 도전을 멈추지 않았던 그들은 마지막으로 죽음을 연구하며 스승이 아닌 학생이 되었다. 학생이 되어 죽음이라는 스승에게 삶의 지혜를 전수받은 것이다.

사람은 잘 변하지 않는다. 그래서 이런 말이 있다.

"사람이 갑자기 변한다는 것은 죽음이 다가왔다는 신호다."

죽음이 아니면 사람을 변하게 하기 힘들다는 말이다. 그런데 이렇게 질문한다면 어떨까?

"죽음이 오지도 않았는데 변할 수 있다면 얼마나 좋을까?"

죽음의 거대한 힘을 빌리지 않고 변할 수 있다면, 그것 자체가 자신의 삶을 위한 최고의 '창조적 파괴'라고 말할 수 있을 것이다. 그러니 그대여, 부디 죽음이 찾아오기 전에 시대의 지성들이 지금까지 전한 46가지 질문을 당신의 것으로 만들기를 바란다.

같은 문장도 쓰는 사람에 따라 다르게 느껴진다.

이제 소개할 마지막 8줄의 글은

세상을 아름답게 만든 6명의 지성에게

가장 완벽하게 맞는 글이라고 할 수 있다.

이 8줄을 생각하기 위해 괴테와 수많은 밤을 새웠다.

20년이라는 시간이 필요한 8줄이었다.

그들의 삶에 꼭 맞았던 이 글이

이제 당신의 삶에도 맞는 글이 되기를 바라며,

그대여, 이제 다음 장을 넘겨 보라.

그대 내면에 식지 않는 열정을 가진다면,

일생의 빛을 얻게 될 것이다.

언제나 고통이 남기고 간 뒤를 보라,

고난이 지나면 반드시 기쁨이 스며드니까.

그래, 결국에 인생은 좋은 것이다.

내가 가지고 있는 모든 지식은

조금만 노력하면 누구나 습득할 수 있지만,

나의 마음만은 오직 내 자신의 것이니까.

마지막 질문

초판 1쇄 발행 2022년 3월 30일
초판 2쇄 발행 2022년 4월 20일

지은이·김종원
펴낸이·박영미
펴낸곳·포르체

편　집·임혜원, 김찬양
마케팅·이광연, 김태희

출판신고·2020년 7월 20일 제2020-000103호
전화·02-6083-0128 | 팩스·02-6008-0126 | 이메일·porchetogo@gmail.com
포스트·https://m.post.naver.com/porche_book
인스타그램·www.instagram.com/porche_book

ⓒ김종원(저작권자와 맺은 특약에 따라 검인을 생략합니다)
ISBN 979-11-91393-62-0 (03100)

여러분의 소중한 원고를 보내주세요.
porchetogo@gmail.com